KB083543

외우지 않고 이해하는 영어
보글리쉬

우리가 영어를 못 뱉는 이유

영어를 조금 할 줄 안다면 우리가 흔히 하는 말이 있다.

영어를 (좀) 알아듣긴 하는데 말은 잘 못하겠어..

사실 이 말에는 우리에게 왜 영어가 어려운지에 대한 해답이 들어 있다. 간단히 답을 말하면, 영어로 말을 못하는 것(혹은 문장을 못만드는 것)은 사실상 영어를 알아듣지 못하는 것이다. 단어만 듣고 우리말식으로 영어 문장을 유추하는 것이라 볼 수 있다. 이를 극복하기 위해 가장 먼저, 우리말 문장과 영어 문장을 구성하는 것에 대한 근본적인 차이점을 먼저 이해해야 한다. 우리말은 단어(주로 명사)에 어미를 붙이면서 그 단어가 문장에서 어떤 역할(품사 등)를 하는지 명쾌하게 나타낸다. 발달한 어미로 인해 문장 구성에 있어서 순서는 중요치 않다.

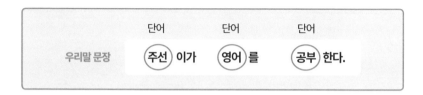

그러나 영어문장의 구성은 완전히 다르다.

People dream a dream. *사람들은 (어떤) 꿈을 꿈꾸지*

위의 문장에 두 개의 dream이라는 단어가 쓰였지만, 그리 어렵지 않게 의미를 파악할 수 있을 것이다. ①번의 **dream**은 '꿈꾸다'라는 동사이고 ②번의 **dream**은 '꿈'이라는 명사이다. 하지만 이 두 개의 **dream**은 모양이 <u>**똑같다**</u>. 조금 더 연장해서 생각해보자.

③
People dream **a dream house.**   *사람들은 꿈같은 (이상적인) 집을 꿈꾼다.*

여기까지도 그리 어렵지 않을 것이다. ③번의 dream은 이번에는 '형용사'이다. 즉 dream은 똑같은 모양으로 '명사', '동사', 형용사' 등으로 다 쓰인다. 그리고 우리는 위의 똑같은 모양의 단어들(dream) 틈에서 (무의식적으로라도) 품사를 구분하고 위의 문장들의 뜻을 알아차렸다. 그 단서는 무엇이었을까?

바로 '<u>**순서**</u>'다. 즉 이 정도 문장구조(주어+동사)는 십 수 연간의 영어 학습을 통해 익숙해졌기 때문이다.

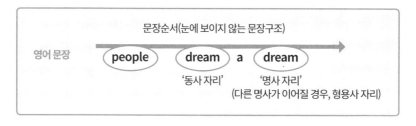

문제는 '<u>**이 정도까지**</u>'라는 것이다. 문장이 조금만 더 복잡해지면, 영어 문장의 구조(순서)를 알아차리지 못하는 경우가 많다. 아래의 예문들을 보자.

④
These people love the land <u>dream</u> **on their perspective.**

The corporation located in a city helps children in remote
⑤
places <u>dream</u> **their futures.**

(아직 해석이 안돼도 상관없다. 이 책을 읽고 나면 앞으로는 쉽게 하게 될 것이다)

④번의 **dream**은 형용사이고, ⑤번은 '꿈꾸는 것'이라는 일종의 명사형이다. 이 역시 앞에서와 마찬가지로 문장의 순서로 결정된다. 위의 문장구조들에 익숙지 않은 사람들에게는 어렵게 느껴지겠지만, 이 문장구조를 아는 사람들에게는 저 단어의 역할들은 **너무나 당연한 것**이 된다. 우리도 그렇게 만들면 되는 것이다. 즉 정형화된 영어문장의 구조만 이해하면 되는 것이다.

문장구조(순서)를 모르거나 익숙지 않으면, 나열된 영어단어들로 문장의 뜻을 <u>유추</u>하여 우리말 식으로 재해석하기 때문에, 어느 정도는 그 문장을 이해했다고 착각하는 것이다. 하지만 문장의 구조를 모르면 스스로 문장을 만들어 낼 수 없어서 말이나 글로 표현하지 못하게 되고, 뜻을 유추하여 해석하기 때문에 그 정확도는 떨어진다. 그래서 '영어를 알아듣긴 하는 것 같은데, 말은 못 한다'라는 말을 하게 되는 것이다.

그러나 걱정 마시라. 영어의 문장구조는 아주 뻔하다. 이 책은 영어문장구조의 형성을 아주 쉽게 설명했다. 아래와 같은 구성으로 진행된다.

1부 문장에서 동사를 (무의식적으로) 인식하기 (1, 2, 3장)

영어 문장은 **하나의 동사**를 중심으로 **구성**된다. 동사가 있어야 문장을 만들기 시작할 수 있고, 동사를 제대로 인식해야만 영어문장을 이해할 수 있게 된다.

2부 　동사 뒤에 따라오는 말과 익숙해지기 (4, 5, 6, 7장)

영어에서는 각 동사마다 **뒤에 따라오는 말들**은 어느 정도 정해져 있다. 즉 동사에 따라 어떤 말들이 따라오는지에 익숙해지면, 쉽게 그리고 당연하게 문장 순서를 만들어 낼 수 있다.

3부 　뼈대문장에 살붙이기 (8, 9, 10, 11장)

영어 문장은 아무리 길어도 제한된 **뼈대문장**을 가지며, 나머지 부분들은 모두 **영어의 살**이다. 이 살조차 종류가 단순(두 가지 밖에 없다) 하기 때문에 기본적인 원리만 알면 쉽게 붙일 수 있게 된다. 이 과정을 거치면 영어가 가진 문장구조는 모두 이해할 수 있게 된다.

이 책은 단순히 문장구조만을 설명하지 않는다. 모든 면에서 영어식 사고를 할 수 있도록 도울 것이다. 이미 한국어로 모국어의 틀이 잡힌 우리들에게는 무척 어렵게 느껴진다. 하지만 방법은 있다. '**이해(이 책의 핵심 키워드)**'를 하면 된다. 그것을 밑바탕으로 영어에 익숙해지도록 연습만 하면 영어는 의외로 쉽게 마스터된다. 게다가 다행스럽게도 영어를 위해 이해해야 하는 핵심적인 사항들은 (아래의 그림과 같이) 생각보다 많지 않다. **이 책 한 권으로 대부분 설명된다.**

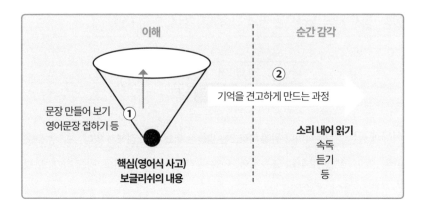

핵심적인 것들을 알게 되면 영어에 대한 '관심'이 생기게 된다. 이 관심으로 인해, 직접 문장을 만들어 보거나(본인 스스로도 충분히 할 수 있다) 여러 종류의 문장들을 접하는 것으로 ①번의 과정과 같이 **자연스럽게 표출**될 것이다. 이렇게 되면 이해할 수 있는 영어의 문장은 극대화된다(거의 대부분의 영어문장 표현을 알게 된다).

①번의 과정을 통하면 정확하게 영어를 읽고 쓰는 것은 해결되지만(영어 성적도 오른다). 영어를 온전히 언어로써 활용하기 위해서는 한 가지 과정을 더 거쳐야 한다. 이해한 내용을 견고하게 만드는 과정(②번)이다. 여기에 가장 적합한 방법이 바로 (큰) 소리 내어 말하기(혹은 읽기)이다. '소리 내어 말하기'의 중요성은 아무리 강조해도 지나치지 않다. '영어에 대한 깊은 이해'가 없이 단순히 소리만 내어도 효과가 있으니, 제대로 영어를 이해(영어식 사고)한 상태에서 소리 내어 연습하면 영어를 완성할 수 있다고 말할 수 있다. 즉 이 책에 실린 예문(특히 여러 번 읽으라고 당부하는 문장)들을 큰 소리로 읽는 것이 가장 중요하다. 그러면 말하기뿐만 아니라 듣기와 독해, 쓰기가 훨씬 수월하게 된다.

목차

보글리뷰

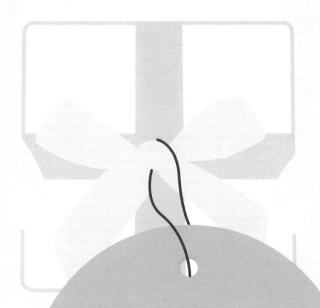

1부

문장에서 동사를
(무의식적으로) 인식하기

01

주어(명사)는 동사를 찾기 위한 도구

영어문장에는 짧은 것도 있고, [짧은 영어문장]
긴 문장도 있다. [긴 영 어 문 장]
문장의 길이는 천차만별이지만, 한 문장에는 <u>단 하나의 동사만이 존재</u>
한다. 하나밖에 없는 동사를 즉시 인식하는 것이 바로 원어민과 같은 영어
를 구사하게 되는 첫 단계이다.

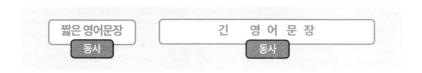

그래서 <u>문장에서 동사를 인식하는 것이 가장 중요하다.</u> 결국 주어 역시
문장에서 동사를 미리 인식하게 하는 역할을 한다. 아래의 3종류에 따라
동사 모양들이 달라지기 때문이다.

말하는 **나를** I (항상 대문자로 씀; 1인칭)라 하고,

내 얘기를 듣는 **너를** you (2인칭)라 한다면,

우리 대화에서 빠진 **제삼자를** he, she, they 등 (3인칭)으로
표현한다.

어렵게 생각하지 말고, '나'도 아니고 '너'도 아니면 모두 '삼자'라고 생각하면 된다.

영어에서 이렇게 주어를 인칭별로 구분하는 이유는 명쾌하다. 아래와 같이 동사모양들이 다르기 때문이다. 즉 주어를 접한 순간 어떤 동사가 따라오는지 미리 인지해야 한다. (뒤에서 연습한다)

단수				복수			
	현재	과거			현재	과거	
I	am do	was did		we	are do	were did	
You	are do	were did		You	are do	were did	
He She It	is does	was did		They	are do	were did	

▶ 관사의 영어식 이해 (관사는 존재하게 만드는 것)

관사의 개념은 우리말에 없다. 그래서 어렵게 느끼는 것이다. 우리말에서는 단어와 실물이 분리되지 않는다. 하지만 영어권에서 단어는 '개념'일뿐이고 '실체'를 표현할 수는 없다.

즉 **girl** 은 단어이고, **A girl** 이라고 해야 실제 형체가 존재하게 된다.

우선 복잡하게 생각하지 말고, 막연한 대상의 실체를 지칭할 때는 'a(n)'를 붙이는 습관을 들이면 된다. (아래의 영어단어들에 관사를 붙여 실제로 소리 내어 보라)

그냥 boy 하지 말고, 실제 소년을 지칭하는 것이라면 **a boy** 라고 해야 하며

실물이 있으면 pencil 하지 말고, **a pencil**

 실체가 있으면 그냥 dog 하지 말고, **a dog**

 그냥 car 하지 말고, **a car**

인터넷 속 email은 어떨까? 형체가 눈에 보이지는 않지만 보내거나 받을 수 있고, 만들고 지울 수도 있기 때문에 실제 존재하는 것처럼 다루며 a(n)를 붙일 수 있다.

그냥 email 하지 말고, **an email**

	(a, e, i, o, u 같은 모음 발음 앞에는 'an'을 쓴다)
an **honest teacher** →	'h'로 시작하지만 실제 발음은 모음으로 시작되기 때문에 'an'
a **union** →	모음으로 시작하는 것 같지만 'y'발음은 'a'를 붙임

이렇게 습관이 되면,

There is boy라는 문장을 접하고 어색해지기 시작한다.

위의 문장은 '(실제) 소년이 있다'라는 의미가 아니라 '소년이라는 개념 혹은 단어가 있다'라는 의미이기 때문이다.

There is a boy. 라고 해야 마음이 편해질 것이다(벌써 영어식 사고를 시작한 것이다).

이렇게 되면 절반은 해결된 것이다.

결국엔 'a(n)'의 의미를 '어떤', 또는 '한' 정도의 우리말로만 이해를 하면 오해를 할 수 있다. 'a' 등을 왜 붙여야 하는지 영어식으로 이해하고 표현해야 한다.

'helicopter'는 '헬리콥터'라는 개념을 나타낼 때 쓰는 단어이다.

a helicopter라고 말 해야 "🚁" 날 수 있는 (혹은 실체가 있는) 헬리콥터를 지칭할 수 있다.

그런데 헬리콥터의 꼬리 🔌 부분을 지칭할 때는,

a tail of helicopter (헬리콥터의 꼬리)

라고 위와 같이 쓰며, 헬리콥터 전체의 형체를 나타내는 것이 아니기 때문에 'helicopter' 앞에는 'a'를 빼도 된다(꼬리만 있지 헬리콥터는 없지 않은가?).

a tail of ~~a~~ helicopter

만약 '**어떤 실체가 있는** 헬리콥터에서 온 부품'이라는 뉘앙스로 말하고 싶다면 붙여야 한다. (a tail of the helicopter)

따라서 고정된 형체가 없거나 대표적인 모양이 없는 것들은 'a'를 잘 붙이지 않는다. 가장 대표적인 것이 'water'나 'money'이다.

물방울이 튀는 형태가 되어도 '물들'이 되지 않는다. 그냥 'water'다. 그래서 셀 수도 없다.

그런데 아래와 같이 컵에 담아 놓으면 얘기가 좀 달라진다.

이렇게 형태가 고정되었을 때는 'a water'라고 해도 괜찮다(물론 정확한 것은 'a cup of water'이지만, 의사소통자 사이에 서로 간에 정해진 'water'의 모양이 존재한다면 표현할 수 있다)

정확한 형태가 존재하면 셀 수 있다.

three cups of water

여러 가지를 하나로 뭉쳐놔 한 단위를 이루어도 'a'를 붙일 수 있다.

a meal 한끼의 식사

결론적으로 'a(n)'가 없다면, 형체가 없는 것이다.

앞에 만난 '소녀'를 다시 보자.
소녀(a girl)가 여러 명(girls)이지만 앞에서 만난 소녀를 다시 이야기하려면,
그 실체의 개념이 아래와 같이 단일화된다.

the girl 이라고 표현해야 한다.

쉽게 말해, 'a(n)'는 어떤 것이든 하나만 형상화 하는 것이고, 'the'는 하나로
특정화시키는 것이다. 즉 아래의 두 가지 경우 모두 해당된다.

① **여러 개 중 특정한 것 하나만 꺼내는 것**

I need to go to a bathroom. 저 화장실 가야 해요
(낯선 장소에서 아무 화장실이나 가야 할 때 적당한 표현)

May I go to the bathroom? 저 화장실 가도 될까요?
(화장실이 어디인지 알고 있는 장소에서 그 화장실을 갈 때 적당한 표현)

② **개념을 하나로 묶어서 나타내는 것**

the United States of America, the rich (부자들)
(여러 개의 나라(주정부)가 합쳐서 하나의 '미합중국')

'the'는 단일화 혹은 특정화시키는 것이다.

그래서 여러 세상이 있을진 모르지만, 우리가 살고 있는 이 세상을 지칭할 때는 '(a) world'라고 하지 않고 주로 **'the world'**라고 하며,

'top'과 같은 단어를 지칭할 때는 일반적으로 특정한 곳을 가리키기 때문에 주로 'the'를 붙여 **'the top'**이라고 표기할 때가 많다. (the end도 마찬가지다)

다른 하나를 가리킬 때는 'a'대신 'another'를 쓰고, 그 다른 하나가 정해져 있다면 **'the other'**라고 표기한다.

I need another **ball pen.**
다른 볼펜 하나가 필요해 (다른 볼펜 아무거나 하나)

I know you have two cars. Where is the other **one?**
너 차 두 대인 거 알아. 다른 차 하나는 어디 있어?

최고를 지칭하는 표현에도 가장 최고는 하나의 개념이기 때문에 'the'를 붙인다.

the best book　　　(최고의 책)
the greatest dream　　　(가장 위대한 꿈)

주로 이름을 나타내는 고유한 명사(noun)는 'the'를 붙이지 않고 대문자로 시작한다.

Seoul, Facebook 등과 같이 말이다. **이름 자체에 이미 고유한 의미가** 있기 있기 때문이다.

그래서 나라 이름들도 일반적으로 'the'를 붙이지 않는다. Korea, Japan처럼 말이다.

그러나 여러 나라들(states)들이 모여 구성된 연방국가를 하나로 합쳐 부를

때는 'the'가 필요하다.

the USA	(미합중국; 'America'라는 이름으로 합치면 'the'가 없다)
the U.K.	(영연방)
the Philippines	(스페인의 필리핀 왕과 구별하기 위해 'the'를 붙임)

종종 일반화된 명사(face shop)를 고유명사(the face shop)화 시킬때도 'the'를 붙이기도 한다.

▶ 소유격 등도 일종의 관사

예를 들어 어느 소년이 팔을 다쳤다고 가정해 보자.

'a boy hurt arm'라고 하면 역시 어색하다. **arm**(팔)은 몸에 붙어 있긴 하지만 형체가 있기 때문에 **'an arm'**이라고 해야 한다. 그러나 다친 소년의 (그) 팔은 정해져 있어 **'the arm'**이라고 해야 하는데, 이 경우 그 팔은 누구의 팔인지 알고 있다. 따라서 아래와 같이 **'the'**보다 더 명확하게 지칭할 수 있다.

A boy hurt his arm. (과거시제)

이러한 표현도 습관적으로 받아들이는 연습을 해야 한다. 아래의 박스 안에 있는 예문들을 몇 차례 소리 내어 읽으면 된다.

I am on **my** way.	We are on **our** way.	*길에 있어 (가는 중이야)*
You are on **your** way.		
He is on **his** way.	She is on **her** way.	They are on **their** way.

'its'는 약간 특이하다. 단독으로 쓰지 않는다 'its + **대상**'이 함께 와야 한다. 우리가 'its'는 잘 쓰지 않는 경향이 있는데, 실제로는 많이 쓰인다. 별도로 더 연습해보자.

The company has many cars. Its cars are all black.
그 회사는 많은 차를 가지고 있다. 그 (회사의) 차들은 모두 검은색이다

그리고, 관사대신 'one', 'two'나 'this', 'that' 등을 쓸 수도 있다.

▶ **'a'나 'the' 의 여부에 따라 의미가 변하는 상황**

'a' 등을 붙이기 애매한 상황도 존재한다.
예를 들어 time, mind 등이다. 이러한 것들은 때에 따라 붙여도 좋고 안 붙여도 좋다.

I need a time to prepare something. *뭔가 준비할 시간이 필요해*

위의 문장은 준비해야 할 시간의 물리적 덩어리(실체)가 필요한 느낌이다.

a time 그래서 'a'를 붙이는 것이 자연스럽다.

반면에

It's time to prepare something. (지금) 뭔가 준비할 때야

이 문장에서의 'time'은 '~할 때'라는 타이밍의 개념이기 때문에 'a'가 없는 것이 더 매끄럽다.

time

즉 **물리적인 느낌**을 만들어 내고 싶으면, 'a(n)'를 붙이면 되고 **개념적으로 접근**하면 'a'를 안 붙인다.

You have to get a responsibility.

너는 책임감을 가져야 해 (책임감을 주고 싶은 느낌)

Responsibility and teamwork are important for work.

책임감과 팀워크(라는 개념)는 일에 있어서 중요하다

(책임감이라는 개념을 말하고 싶음)

혹은 **'(뭔가) 있다'라는 느낌**을 주고 싶으면 'a'를 붙인다고 생각해도 된다.

I have a headache. *나 두통이 있어*

(두통이 '존재한다' 혹은 '있다'라는 느낌을 만들기 위해 'a'를 붙였다)

Do you have a question? *질문 있어?*

'(뭔가) ~있다'라는 느낌의 가장 대표적인 예시는 a few와 few의 차이이다. few에 'a'를 붙이지 않으면 실체가 없고, 'a'를 붙이면 실체가 나타난다.

A few (people) like me.	**Few (people) like me.**
날 좋아하는 사람이 (조금) 있거든~	나를 좋아하는 사람이 (거의) 없어
('조금'이라는 표현보다는 '있다'를 강조한 말)	('거의'보다는 '없다'를 이야기하고 싶은 말)

셀 수 없는 것들은 little과 a little을 쓴다.

I have a little money.

나 (쓸 수 있는) 돈 좀 있거든~

I have little money.

나 돈이 없다 (쓸 수가 없다)

<u>물리적인 형태</u>와 <u>개념적인 느낌</u>의 차이를 조금 더 설명하면 아래와 같다.

I go to school.

엇! 분명 실체가 있는 school 이기 때문에 'a school' 혹은 'the school' 등이 되어야 할 것 같은데, 그렇게 쓰지 않았다. 여기서 school을 '실체'인 장소로 취급하는 것이 아니라 학교라는 곳의 개념을 이야기하는 것이다. 다시 말해, school의 <u>개념</u> 즉 그 목적을 위한 것이다. 즉 I go to school은 '나 학교에 간다'라기 보다는 **나 공부하러 간다**'의 의미이다.

단순히 그 건물 혹은 그 장소로 가는 것이라면, I go to the school이라고 해야 한다(내가 다니는 학교도 '하나'이지 않은가? 그래서 'the'). 하지만 'a'나 'the' 등이 없으면 그 의미가 특정 목적을 위해 가는 개념이 된다.

I go to school.   *나 공부하러 혹은, 나 학교 다녀 (나 학생이야)*

I am going to church.   *나 예배 참석하러 갈 거야*

I went to hospital.   *나 병원에 (입원 혹은 수술받으러) 갔다 왔어*

교도소에 면회나 봉사활동을 다녀와서 관사 없이 'I went to prison'이라고 표현한다면, 그 의미는 '내가 전과자였던' 엉뚱한 뜻이 추가된다.

결국 관사가 붙으면 나(I)도 아니고 너(you)도 아니기 때문에 3인칭 단수를 현재 시제로 표현할 때의 '~s'를 붙인다. 이는 불편한 것이 아니라 오히려 **문장이 길어도 동사를 쉽게 찾을 수 있게 해준다.**

The willingness you want to change your life makes you interested in English.

주어(The willingness)는 쉽게 알 수 있지만 동사는 바로 눈에 띄지 않는다. 생각해보자. **The willingness는 나(I)도 아니고 너(you)도 아니다.** 여러 개(복수)도 아니기 때문에 <u>현재형 시제</u>라면 동사 뒤에 's'가 붙을 것이라 주어를 본 순간 느껴져, 동사를 파악하는 데 그만큼 쉬워진다.

The willingness you want to change your life makes **you**
주어   동사

interested in English.

'인생을 바꿔보고 싶은 의지는 영어에 관심을 갖게 만든다'라는 의미의 문장이다.

영어의 가장 큰 특징 중 하나는 대부분 명사는 같은 의미의 동사도 된다는 것이다. 예를 들어 'email'은 '명사'이기도 하지만 '이메일을 보내다'라는 '동사'로도 쓰인다.

이메일   이메일을 보내다

'question'은 '질문'이기도 하지만 '질문하다', '묻다'라는 동사로 쓰기도 한다.

질문, 의문   질문하다, 묻다

'milk'는 '우유'이지만 '젖을 짜다'혹은 '수유하다'의 의미로도 쓰인다.
(혹은, '쥐어짜다')

 우유  젖을 짜다 혹은 젖을 먹이다(주로 동물)

이런 동사들은 현재형일 경우 '명사'와 똑같은 형태가 된다. 이럴 때
동사에 붙는 '~s'가 문장 안에서 주어와 동사를 쉽게 구별해 주는 역할을
하기도 한다.

The monkey in the zoo milks its young.
저 동물원의 그 원숭이는 새끼에게 젖을 먹인다

's'가 붙어서 'milks'가 동사임을 쉽게 알 수 있다.
참고로 위 문장에서 'its'는 'monkey'라는 단어를 반복하기 싫어서 쓴
것이다.
위와 같은 이유로 우리는 3인칭 단수에 '~s'를 붙이는 것을 완전히
습관화시켜야 한다(무조건 소리 내어 읽자).

My older sister lives in Mexico.	우리 누나 멕시코 살아
<u>Does</u> this bus go to Seoul?	이 버스 서울 가요?
It <u>doesn't</u> matter. (It matters)	문제 없지. (그거 문제야)
I do and He <u>does</u>.	나도 하고, 그도 해
My mom want<u>s</u> to be happy.	우리 엄마는 행복해지길 원해
He <u>doesn't</u> have to be here.	그는 여기 있을 필요 없어

▶ 영어에서 동사의 종류는 단 2종류 (형태로는 3종류)

영어의 동사는 단 두 종류로 나눠진다고 보면 된다. BE동사이냐,

BE동사가 아니냐(일반동사)로 말이다. 의미도 완전히 다르고 활용도 다르기 때문이다.

사용형태로는 아래와 같이 **세 종류로 받아들이면 된다**. (그 이유는 뒤에 설명된다)

① 일반 (DO) verb　　② BE verb　　③ have p.p.

중복될 수 없으며, 이 3가지를 벗어나는 형태도 존재하지 않는다. 다시 말해, 어떤 동사이든 위의 3종류 중 꼭 하나에 해당된다고 생각하면 된다. 이를 (무의식적으로) **구별한다면 한결 편하게 영어를 구사**할 수 있다(다음 chapter에서 연습한다).

아래와 같이 사용빈도를 대략적으로 나타내 볼 수 있다. 모두 많이 사용된다는 의미이다.

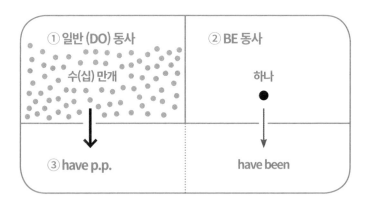

▶ 일반 동사들의 대표 'DO' verb(동사)

'DO' 동사를 많이 쓰면 여러모로 편해진다. 특히 **어떤 동사를 써야 할지 모를 때 유용**하다.

'너 그거(that) 하니?'라고 간단히 묻고 싶다. 어떤 동사를 써야 할까? 잘 모르면 아래와 같이 간단히 말하도록 한다.

You do that? *너 그거 하니?*
(Do you do that?라고 해야 하지만 간단하게 위와 같이 말하기도 한다.)

'do'는 가장 일반적인 동사라는 의미이다.
뒤에 단어가 따라와 어떤 행동인지 설명되거나 막연한 행동에 DO를 쓴다.

I did my homework yesterday.   *나 어제 숙제 했어*

Could you do me a favor?   *나에게 좋은 일 좀 하나 해 줄래?*

Don't do that again.   *그거 다시 하지마*

Do Korean guys do their military service?
한국 남자들은 군대에 가니?

바로 위 문장에서는 do가 한 문장에서 2개가 쓰였다. 문장 맨 앞에 쓰인 'Do~'는 조동사이다. 이제 다음 chapter에서 동사와 조동사의 관계를 살펴보자.

> 본 책에서는 문장의 영어식 이해(영어식 사고)를 강조한다. 하지만 이 책의 영어 예문에 붙어 있는 *이탈리안체* 한글 해석들은 그렇지 않을 때가 많다. 이는 정확한 의미전달이라기 보다는 단순히 이해를 돕기 위함임을 미리 밝혀둔다.

문장을 쥐락펴락 Helping Verb (조동사)

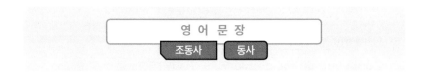

영 어 문 장

| 조동사 | 동사 |

▶ 동사의 3종류와 helping verb

주어 + 동사만으로 표현할 수 있는 문장은 제한적이다. 현재(계속되는 일)나 과거(끝난 일)만 표현할 수 있다(예를 들어 I work와 I worked.).

그래서 문장에 어떤 의미를 추가한다든지(will, can 등으로), 의문문이나 부정문을 만들기 위해서는 반드시 helping verb가 필요하다.

사실 모든 영어의 문장에는 **이미 helping verb는 들어 있다**. 아래와 같이 꺼낼 줄만 알면 된다.

I work = I do work

helping verb가 없어 보이는 'I work.'도 'do'가 숨어 있다. 'I do work.'는 (강조라기 보다) 'I work.'을 길게 늘린 표현이라고 생각하면 된다.

이렇게 helping verb를 꺼내 보는 연습이 유용할 때가 있다. 만약 동사의 과거형을 모르면, 아래와 같이 'did + 동사의 원래모양(현재형)'을 쓰면 된다.

특히 조동사가 나오면 **뒤에 동사는 원래 모양**으로 바뀐다는 것(밑줄 친 부분)에 익숙해질 때까지 아래 예문들을 여러 차례 소리 내어 읽자.

I work.	= I do work.
You have a rest.	= You do have a rest.
She sleeps well.	= She does **sleep** well.
He gave me a present.	= He did **give** me a present.
We love you.	= We do love you.
They came here.	= They did **come** here.

일반동사가 아닌 BE동사와 have p.p.는 아래와 같이 **각각 다른 형태**들을 띤다. 그래서 영어문장을 3종류로 구분하는 것을 연습하자는 것이다.

	Helping Verbs			Verbs
① 일반verb	do does	did	do	work love sleep ...
② BE verb	am(is) are	was were		
③ have p.p.	have has	had	p.p.	worked loved slept ...

부정문이나 의문문을 만들 때는 helping verb(조동사)가 꼭 필요한데, BE동사 문장들은 be동사가 직접 helpling verb 역할을 하며, have p.p.는 'have'만이 그 역할을 한다.

먼저 **부정문**은 helping verb 뒤에 'not'을 붙이면 된다.

not

	Helping Verbs			Verbs
① 일반verb	do does	did	do	work love sleep ...
② BE verb	am(is) are	was were		
③ have p.p.	have has	had	p.p.	worked loved slept ...

의문문은 helping verb를 주어 앞에 위치시킨다.

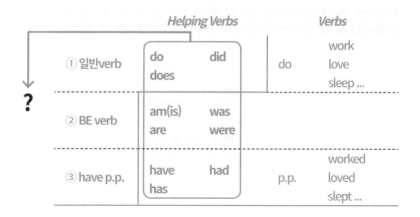

위와 같은 내용들을 단순히 '아는 것'만으로는 부족하다. 영어가 언어로써 **자연스럽게 사용되려면 자동적으로 반응될 정도로 견고하게** 만들어야 한다. 이 '조동사와 동사 부분'이 익숙지 않으면 영어가 절대 늘지 않는다. 예를 들어, Were we~? (일단 소리 내어 보라), Has she done~?을 발음해 보자. 상당히 많은 사람들이 어색해할 것이다. 어색하다면 'Were we~' 등으로 시작되는 문장을 실제로 활용하기 어렵고 그 문장은 잘 들리지도 않는다.

그러니 아랫부분을 모두 소리 내어 보자. 본인에게 어색한 부분이 있다면, 그것이 사라질 때까지 **여러 번 소리 내어 읽고 넘어가자.** 이 부분만 익숙해져도 지금 당장 영어실력(말하기, 듣기, 읽기 등 모두)이 부쩍 증가하는 것을 확연히 느낄 것이다.

I do	I do not (I don't)	Do I ~?
We do	We do not (We don't)	Do we ~?
You do	You do not (You don't)	Do you ~?
He does	He does not (He doesn't)	Does he ~?

(과거형 'did'와 'He' 대신 'She', 'It', 'They', 그리고 '친구 이름'을 넣어서 다시 읽어 보자.)

I am~	I am not (I'm not)	Am I~?
We are~	We are not	Are we~?
You are~	You are not	Are you~?
He is~	He is not (He's not, He isn't)	Is he~?
I was~	I was not (I wasn't)	Was I~?
You were~	You were not (You weren't)	Were you~?
He was~	He was not (He wasn't)	Was he~?

('He' 대신 'She', 'It', 'We', 'They', 그리고 '친구 이름' 등을 넣어서 반드시 다시 읽자.)

I have done	I have not done (I haven't done)	Have I done?
You have done	You have not done (You haven't done)	Have you done?
He has done	He has not done (He hasn't done)	Has he done?

('He' 대신 'She', 'It', 'We', 'They', 그리고 '친구 이름'을 반드시 넣어서 다시 읽자.)

고유의 의미가 있는 조동사들(will, can 등)이 들어가지 않는 한, 영어의 모든 문장은 위의 형태로 문장구조가 '**시작**'된다. 문장의 순서로 문장의 의미를 만드는 영어에서 이 '시작'부분과 익숙해지면 많은 문제가 해결된다. 일례로, 이것이 익숙해지면 자연스럽게 영어문장은 아래의 3가지 형태로의 분리가 된다는 것을 무의식적으로 인지할 수 있다(나중에는 will 등을 넣어도 여전히 쉽다).

① 일반 (DO) verb ② BE verb ③ have p.p.

특히 일반동사와 BE동사 문장의 분리가 명확해진다. 이를 분리해야 하는 이유는 일반동사와 BE동사 뒤에 따라오는 것들이 확연히 다르기 때문이다. 이로 인해 동사 뒤의 문장전개가 훨씬 수월해진다.

▶ **do를 제외한 나머지 helping verb들 (조동사)**

helping verb에는 'will', 'can', 'may' 등도 있다. 이들이 'DO' verb와 다른 점은 각각 **고유의 뜻**이 있다는 것이다.

DO('do', 'does', 'did')는 별도의 의미가 추가되지 않기 때문에 문장의 뜻이 바뀌지 않았다.

He studies = He does study

그러나 다른 helping verb들은 의미가 추가된다.

I study ≠ I will study
He studies ≠ He can study

참고로 'will, 'can' 등은 (동사가 아니기 때문에) does와 같은 3인칭 어미가 없다.

이 고유의 의미가 있는 helping verb들(will, can 등)은 아래와 같이 동사들 앞에 직접 붙일 수 있는데, <u>주의할 점은 이것들이 동사 앞에 붙으면 동사들은 무조건 원래 모양(do, be, have p.p.)으로 바뀐다는 것</u>이다.

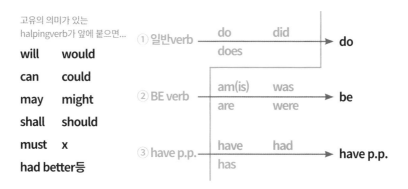

즉 helping verb가 동사 앞에 붙으면 동사들은 아무 것도 못한다.

아무것도
하지 말라고?

will, can 등의 정확한 뜻을 이해하기 전에 이것들이 동사 앞에 붙으면 어떻게 되는지, 여기에 완전히 익숙해 져야 한다. 아래의 문장들을 여러 차례 **소리 내어 읽어보자.**

I am happy.	will →	I **will** be happy.
He works hard.	can →	He **can** work hard.
She has finished it.	must →	She **must** have finished it.
My grandma tells you	might →	My grandma might tell you.
He has not done the work	can →	He cannot have done the work.
The car didn't move.	could →	The car couldn't move.
You are my student.	must →	You must be my student.
Do we sit here?	shall →	Shall we sit here?
Do I help you?	may →	May I help you?
I had been there.	would →	I would have been there.
The program has finished.	could →	The program could have finished.
Has he finished the work?	should →	Should he have finished the work?

helping verb가 문장의 성격을 결정하기 때문에 **영어식 뜻**을 제대로 알아야 한다. 하나씩 자세히 보기 전에 짚고 넘어가야 할 개념이 있다. 우리는 흔히 영어 단어 하나에 여러 가지 뜻이 있는 것으로 생각한다.

뜻 1 , 뜻 1 , 뜻 1 , …

그 이유는 영어 단어를 우리말로 받아들이기 때문이다. 이렇게 생각하면 서로 연결이 되지 않기 때문에 하나씩 따로따로 외우곤 한다. 그러나 단어 하나는 본질적으로 하나의 뜻을 가지고 출발한다.

$$\longrightarrow \boxed{\text{원래 뜻}}$$

이 원래의 뜻을 기반으로 자연스럽게 확장해 가야 한다(특히 조동사가 그렇다).

$$\boxed{\text{원래 뜻}}, \boxed{\text{확장 1}}, \boxed{\text{확장 2}}, \cdots$$

will, can 등이 **그 본래의 뜻에서 어떻게 확장**되어 나가는지 살펴보면 된다.

▶ will

그렇다면 'will'의 본질적인 뜻은 무엇일까? '미래'의 의미가 아니다. '**할 것이다**'라는 느낌의 의지를 표현하는 말이다. will을 이용하여 미래를 표현하는 것은 빌려 쓰는 표현이다. 그 의미는 예측의 표현이다.

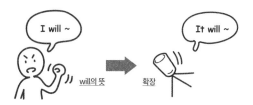

그래서 will은 일반적으로 사람(특히 1인칭인 '나')이 주어이면 주어의 '**의지**'를 표현하는 것이다.

I will **study tomorrow.**
*나 내일 공부할 거거든~ (예정이 아니라 **의지**가 반영된 표현)*

하지만 위의 그림과 같이 사물이 주어이면 (컵이 의지를 가진 것이 아니다) 단순한 예측(미래)의 표현이다. 상황에 맞게 두 표현의 차이가 자연스럽게 분리가 될 것이다.

The cup will **fall down.**

저 컵 떨어질 것 같아 ('__의지__'가 아니라 예측하는 것)

Bye, I'll call you tomorrow.

(가벼운 뉘앙스로) 내일 전화할게

친구와 헤어질 때의 상황을 상상해 보자. will의 줄임말인 'll 을 썼다. 이 경우 그 '의지'의 강도도 약해진다. 지금 가볍게 결정하고 이야기를 한 것이다.

아래와 같이 사물(your phone)이 주어이면 'will'이 미래의 예측의 의미가 된다.

A: I'll throw this phone. Catch it! *휴대폰 던질게 받아*

B: No no no. Your phone will **be broken.** *안돼. 망가질 거야*

좀 더 계획적인 미래를 표현한다면, 'will'을 사용하는 것이 오히려 부자연스럽다.

다른 표현들을 'will'과 비교해 보자.

'**be ~ing**'도 미래를 표현할 수 있다(**사실 미래를 표현할 때 가장 많이 쓴다**).

이 개념을 이 책에서 계속 주장하듯이 '**영어식**'으로 이해를 하기 위해서는 아래와 같이 받아들여야 한다.

I am studying.

나 = 🧑‍🎓 (공부하는)

'공부하는 (것)'이 나'라는 의미로 받아들이며, (지금) 공부하는 나의 모습을 그려야 한다. 만약 그렇게 받아들인다면, 미래의 모습을 보여주는 표현으로 쓸 수 있다.

I am studying tomorrow. *나 내일 공부해 (내일 공부하는 게 나야)*

'내일 공부하고 있는 것이 나'라는 것이다. 이유야 어찌 되었던 **내일**(tomorrow) '내'가 '공부하는 모습'을 BE동사를 통해 직접 보여주는 느낌으로 말하는 것이다. 미리 마음을 먹었거나, 혹은 계획이 되어 있는 것도 모두 포함할 수 있다.

A: What are **you doing tomorrow?** *내일 뭐해?*
B: I am claiming **tomorrow.** *내일 등산(혹은 암벽등반 등) 해*
내일 무엇을 할지 이미 결정을 했을 것이라는 가정 하에 묻는 것이다

'be going to~'로 미래를 나타내는 경우도 있다. 이 역시도 영어 그대로 이해하면, (이미) going이 되고 있는 것이다. 공부하는 것에 방향성을 가지고(to study) 말이다. 아직은 공부를 하는 건 아니지만, 쭉 going이 이루어지면 공부를 하게 된다.

$$I \ am \ going \ to \ study.$$

나 = 🚶 → 🧑‍💻

__사전에 뭔가가 결정되어 있다__는 의미이다 공부하려고 학교에 입학하기로 했다든지, 누구와 약속을 했다든지 등으로 말이다.

I am going to buy the car. *그 차를 사기로 예정되어 있어*

'be ~ing'는 미래의 모습을 직접 보여주는 느낌이지만 **'be going to do'는 예정을 나타내는 어감**을 낸다(비슷하게 쓰일 수도 있으나, 미세한 차이를 구분하는 것이 좋다).

Look at the dog sleeping on the road! It's going to be an accident.

어떤 개가 찻길에서 자고 있는 것을 보고 있다. 사고가 날 수가 있다는 추측을 하는 것이다.

이때도 'be going to'를 쓸 수 있다. 대신 'will'도 쓸 수 있을까? 당연히 쓸 수 있다.

우리가 영어를 접할 때 두 개의 개념을 공부하면 보통 우리는 아래의 그림을 머릿속에 그린다.

둘의 뜻을 철저히 분리한다.

하지만, 영어 단어는 아래와 같이 의미가 확장되기 때문에 겹치는 부분이 생기기 마련이다.

'will'과 'be going to~'도 그렇다. 아래의 그림과 같이 말이다.

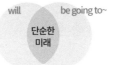 

'be ~ing'와 'be going to~'는 더욱 비슷하다.

▶ **그렇다면 현재형도 미래를 나타낼 수 있나?**

영어에는 직접적인 '미래'시제는 존재하지 않는다(대신하는 표현만 있을 뿐이다). 게다가 '현재'시제라는 것도 '지금 당장의 현재'를 의미하는 것이 아니라 '끝나지 않은 일'을 나타내는 말이다. 그래서 끝나지 않은 일상이나 **상태**를 나타낼 때는 미래라도 현재형으로 표현하는 것이 자연스럽다.

단순히 '언제 가니?'라고 묻고 싶다면 복잡하게 시제를 생각하지 말고 'When do you go?'라고 하면 된다.

What time does this shop close today?

오늘 이 가게 몇 시에 닫아요?

앞으로 발생할 일이지만 일상적으로 몇 시에 닫는 것이 정해져 있는 **상태**라 현재형을 썼다.

만약 여기서 will을 쓰면 틀린 문장일까? 그렇지는 않지만 어떤 의지나 계획에 의한 것이 아니기 때문에 이 경우 현재형을 쓰는 게 더 자연스럽다.

This semester starts on Monday.

이번 학기가 월요일 날 시작된다

When do you graduate from this university?

언제 이 대학을 졸업해?

뒤에서도 다루겠지만 현재형의 의미를 정확히 알면 이해가 어렵지 않을 것이다.

▶ would

영어에서 '과거형태'의 표현들은 실제 과거를 나타내기도 하지만, 문장의 뉘앙스를 좀 **약하게** 표현하고 싶거나 불확실성을 가미하고 싶을 때 많이 쓴다. 특히 조동사들이 그렇다. 'would'도 현대 영어에서는 'will'의 약한 표현으로 쓴다(그래서 '**would**'는 과거와 **현재**, **미래**를 나타내는 표현에 모두 쓰일 수 있다).

(하고 싶다)   (될 것 같다)

will의 약한 표현인 would는 **<u>폭넓게 사용</u>**한다. 문맥에 따라 어감이 다를 때가 많다.

A: What do you want to be? *뭐가 되고 싶니?*

B: I would **be an English teacher.** *영어 선생님이 되고 싶어*

(조금 약한 의지나 희망사항)

A: Which subject are you going to teach?

어떤 과목을 가르칠 예정이야?

B: It would **be English.** *영어가 될 것 같아 (단순한 예상)*

심지어 불가능한 희망도 나타낸다.

I would **be an English teacher if I worked for the school.**

내가 학교에서 일한다면 영어 선생님이 되지 않을까 싶어 (현실의 반대)

아무튼 **would는 will의 <u>불확실성을 표현</u>**할 때 쓴다.

I would like to drive. *운전하면 좋겠어요 (하고 싶어요)*

또한, 아래와 같이 하고 싶은 것을 **<u>겸손하게(약하게) 표현</u>**하고 싶을 때도 쓴다.

I'd like to drink coke.

콜라 마시고 싶다 (I'd like to로 줄여서 연습하면 된다)

I'd like to be your best friend.

너의 제일 친한 친구가 되고 싶어

아래와 같이 과거의 문장(He said~) 안에 would가 쓰이면 그 과거 시점에서의 '의지'나 '예측'을 나타낸다. 즉, 이때는 would가 will의 과거이다.

He said he would ~~(will)~~ try me. = He said "I will try you"

그 사람이 "나를 믿어볼 거다 (기회를 줄거다)"라고 했다

▶ can (could)

will과 would의 관계(불확실성이나 약한 표현)를 이해했다면 '할 수 있는 능력'을 나타내는 can과 could를 굳이 분리해서 설명할 필요가 없을 것이다. could도 can의 약한 표현으로 과거, 현재, 미래의 경우에 모두 쓰인다.

I can speak English. So I will talk when I meet a foreigner.

난 영어 할 수 있어. 그래서 외국 사람 만나면 이야기할 거야

A: Can (Could) you help me?　　*도와줄 수 있니?*

　　　　　　　　　　　　　　　　　　(여기서는 도와줄래?라는 의미가 포함)

B: I'm sorry. I cannot.　　*미안, 못 해*

　　　　　　　　　　　　　　　('can not'은 'cannot'으로 붙여 쓴다)

'can'은 '능력'을 나타내지만 이렇게 의문문으로 뭔가 요청하거나 허락을 구할 때도 쓴다.

I couldn't sleep well because a lot of dogs barked last night.

어젯밤에 많은 개들이 짖는 바람에 잠을 잘 자지 못했어

위에 쓰인 'couldn't'는 할 수가 없어 '못 했다'의 의미이지만 아래의 'could'는 좀 다르다.

She could come here earlier if she had a car.

차가 있으면 빨리 올 텐데 (빨리 못 온다)

could는 '할 수 있다'라는 말이지만 "실제로는 못 한다"일 경우가 많다는 것이다.

can도 '할 수 있다'는 것이지 '하겠다'라는 의미는 직접적으로 들어 있지 않다.

그렇다면 확실하게 **할 수 있어서 실제로 한다(했다)**고 말하고 싶다면?

"be able to do~"

'to'에는 움직임과 방향성(목적)의 의미가 들어 있다. 그래서 'to swim'은 단순히 '수영하기'의 의미이기도 하지만, '앞으로의 일'이라는 의미도 있다.

따라서 'be able to + 동사'는 아래와 같은 뜻이 된다.

'be able to~'는 그것을 실제로 하는 '**하겠다**'의 의미로 인해 어떤 특정 일을 한다는 일회성의 느낌일 때가 많다. '하겠다(실행)'가 아닌 '할 수 있다(능력)'을 나타내는 'can'과의 어감 차이가 존재한다.

Are you able to come here?   너 여기로 올 수 있니? (올 거니?)

A: Can you swim?   수영할 줄 아니? (혹은 수영할래?; 경우에 따라 다름)

B: Yes I can but I don't want to do now. I will be able to swim with you next time.   할 줄은 아는데, 다음에는 할 수 있어 (할 거야)

'can'은 'will'과 함께 쓸 수 없지만, 위와 같이 'will be able to'는 가능하다. 다시 말해 'can'을 쓰기 힘든 곳에 'be able to~'쓰면서 자유롭게 표현할 수 있다.

I hope to be able to translate someday.

언젠간 통역할 수 있는 날이 왔으면 좋겠어

I need John being able to translate

통역할 수 있는 존이 필요해

Would you be able to be with her?

그녀 곁에 있을 수 있겠어요?

과거표현도 익숙해지면 된다.

I was able to enter the university.

그 대학에 갈 수 있었다. (그래서 갔다)

하지만 아래의 표현은 문맥에 따라 달리 해석해야 한다.

I could enter the university.

대학에 갈 수 있을 것 같다

못 갈 가능성이 크고, 때로는 갈 수 있지 않을까 하는 희망(미래)을 나타내기도 한다. 과거표현(갈 수 있었을텐데)은 'I could have entered~'로 써야 한다(나중에 다시 설명됨).

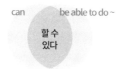

물론 can과 be able to~는 분리할 필요가 없을 때도 많다.

▶ **May (might)**

may는 동사의 실행을 불확실하게 만든다. would나 could와 비교하면 쉽게 이해할 수 있다.

아래와 같이 would의 의미는 폭넓게 사용되는 반면에 may나 might는 '할 수도 있고, 못할 수도 있다(정해진 바는 없지만 50%의 확률)'라고 단순하게 생각하면 된다.

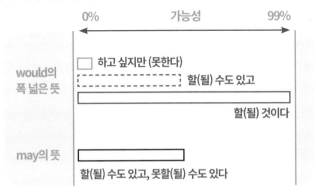

I may (might) be able to go to Singapore this year.

나 올해 싱가포르에 갈 수도 있다

'may' 자체도 불확실하니, 'might'를 쓰면 더 약해지기도 한다. 그래서 날씨 등을 예측할 때 'might'를 사용하는 경우가 많다.

Take an umbrella when you go outside today. It might be rainy this evening.

오늘 저녁에 비가 올 것 같으니 바깥에 나갈 때 우산을 챙겨 가

May I help you? *도와줄까? (내가 너를 도와주게 될까?)*

본인이 뭔가 해도 되겠냐고 물을 때 'May I~'로 시작하는 문장을 많이 사용한다.

('Can I~'보다 더 정확한 표현이라고 할 수 있다)

물론 실제 과거를 나타낼 때는 'may'가 아닌 'might'를 써야 한다.

I hurried because I might(~~may~~) meet her.

나는 서둘렀었다. 그녀를 만날지 몰라서

▶ **shall (should)**

'shall'을 한국말로 표현하면 '~될 것이다'이지만, '(무조건) 된다'의 의미로 개인적인 '확신'과는 완전히 다른 표현이다. 영어식 표현에는 개인적인 확신(must 등)과 무조건 되는 것(shall)을 분리해서 말하기 때문에 우리에게 어려운 것이다.

내 뜻도 아니고, 너의 뜻도 아니고, 제삼자의 뜻도 아닌, **이미 정해진 일!** 다음 예문이 이해를 도울 것이다.

I am now 19 year-old, but shall be twenty in May.

지금 19살인데 5월에 20살이 돼

나이가 많아지는 것은 누구도 바꿀 수 없다. 그렇다 보니, 성경책이나 왕들이 사용하던 어투(You shall be the next king.)라서 일반적인 문장에서는 사용이 드물다.
하지만 Shall we dance? 혹은 Shall we go? 와 같이 의문문으로는 제법

사용된다. 왜일까?

우리가 춤을 추게 될까요?

우리가 가게 될까? (='가자'의 권유 표현)

물론 상대방의 의지에 따라 결정되는 되는 일임에도 불구하고, 상대방의
의지와 상관없이 '~(하게) 될까요?'라고 묻기 때문에 <u>부담을 덜 주면서
권유하는 표현</u>이 될 수 있다.

> 상대방에게 권유의 표현으로 많이 사용하는 'Why don't you~?'도 알아두자.
>
> Why don't you work here? 여기서 일해보지 그래? (실제 이유를 묻는다기 보다는 '권유')

그렇다면 'shall(~가 돼)'의 불확실한 표현인 'should'의 의미는 무엇일까?
사실 상 'should'는 '~가 될 것 같은데'의 뜻이지만, 아래와 같이 그 의미가
확대된다.

shall
그렇게 돼

should
그렇게 될 것 같은데..

⇨ *가벼운 권유로
대신 사용*

I should go home   *나 집에 가게 되지 않을까 싶어 (가야 될 듯해)*

영어에서는 가벼운 권유로 쓸 수 있는 표현이 많지 않아서 'should'를

원래의 뜻에서 확장하여 '가벼운 권유'로 많이 쓴다('강한 강요'가 아님).
예문을 보면서 권유의 'should'의 의미를 보자.

You should (shall) call your Mom.   *엄마께 전화드리는 게 좋을 듯해*

이때는 당연히 'shall'은 쓸 수 없다.
보통 주어가 'you'가 아니라면 'should'가 권유가 아닌 원래의 의미인 '될
것 같다'는 의미로 쓰일 때도 많다.

He should be happier.   *그는 행복해질 것 같아*
Please have a sit and wait for a while. (It) shouldn't be long.
잠시만 앉아서 기다리세요 오래 걸리지 않을 겁니다

이렇게 should의 원래 뜻을 알아야 권유가 아닌 예측에 사용될 때도 쉽게
사용할 수 있다.
'should + 동사'는 '약한 권유'로 대신 쓸 수 있지만, have(had) p.p. 앞에
쓰일 경우(should have p.p.)는 '했어야 했다'는 '<u>후회</u>'나 '<u>질책</u>'을 나타낸다.

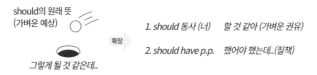

리포트를 내지 못한 학생(A)이 선생님(B)에게 늦게라도 내기를 바라는
대화이다.

> A: Sorry, I wasn't able to submit my final report. Shall
>   (should) I bring that tomorrow?
> B: No, you <u>should have submitted</u> that last week. It's too
>   late.

내일 최종 리포트를 내도 되겠느냐는 질문에 지난주에 냈어야 했다, 너무 늦었다는 표현이다. 질문에는 'shall' 대신 'should'를 써도 위의 문맥 상 문제가 없다.

B(선생님)의 답변에서 볼 수 있듯이 'should have p.p.'는 **이루어지지 않은 일**에 대해서 '**했어야 했는데 안 했다**'는 **일종의 질책의 표현**이다.

'should', 'would' 등을 'have p.p'와 함께 쓰는 표현은 뒤에서 자세히 다룰 것이다.

> 참고로 'had better'는 약한 권유가 아니다. 강하게 이야기하는 것이다. 현재의 상황에서 과거표현(had)을 이용해 강하게 말하는 것이다. 'had'를 줄여서 'd 로 많이 쓴다.
>
> **You'd better go.** *너 가야 해*

▶ **must** (과거 표현은?)

틀림없이 확신하는 경우 쓰는 표현이다. 아래의 그림과 같이 말이다. 이는 **말하는 사람의 생각에 따른 확신**이기 때문에 'shall'과는 다르다.

위의 사람은 자신의 의지와 상관없이 떨어질 것으로 확신하고 있는 것이다.

You have been working for 12 hours. You must be tired.

12시간을 일하고 있으니, 당연히 피곤할 것이다.

이런 경우에 써야 하는 것이 'must'이다.

A: Is John at home?

B: No, he must be out. He has an important meeting now.

지금 중요한 회의가 있으니 존은 틀림없이 집에 없을 거야.

강한 확신이지만, 이를 확장하여 아래와 같이 **강한 권유**로 사용하기도 한다.

You must study properly if you want to speak English very well.

영어공부를 잘하려면 반드시 올바르게 공부해야 한다

이럴 경우에는 'have to'를 사용해도 좋다. 하지만 이 둘의 뜻은 엄연히 차이가 있다.

'have to~'를 '~해야 한다'로 외울 것이 아니라 아래와 같이 간단히 생각하면 된다.

have + to 동사
가지고 있는 것　앞으로의 일
(뿐만 아니라 실제 실행의 의미도 포함)

'앞으로 해야 할 일을 가지고 있다'는 뜻으로 인해, 이를 '해야 한다'는 의미로도 쓰는 것이다. 따라서 'must'보다 뜻이 다소 약할 수 있다.

그래서, 부정문으로 쓰면(don't have to~)는 '하지 말아야 한다'는 의미가 아니라 원래대로 '할 일이 없다'로 '안 해도 괜찮다'의 어감이다.

아래의 두 부류의 문장들은 'must'와 'have to'의 공통점을 보여주는 주는 예시이다.

Korean men must do military service.

Korean men have to do military service.

한국 남자들은 군대를 가야 한다는 뜻으로 두 문장이 주고자 하는 의미차이는 크지 않다.

하지만, 부정문으로 하면 의미 차이가 발생한다. (형태 차이도 인지해야
한다.)

Women must not do that   *여자는 가지 말아야 한다(or 틀림없이 안 가)*
Women don't have to do that. *여자는 안 가도 괜찮다*
=Women don't need to do that

Must your brother do that?
Does your brother have to do that?
너의 남동생(때론 형)도 가야만 하니?

사실 'must'는 의미상 (확신하는 표현이기 때문에) 묻거나(의문문)
부정문으로 많이 사용하지는 않는다. 그래서 '~하지 말아야 한다'는
부정문은 'must not'보다는 'shouldn't~'를 쓴다.

You shouldn't do that. *너 그거 하면 안돼 (약한 의미 아님)*

한편, have to는 must와는 달리 앞에는 다른 helping verb를 쓸 수도 있다.

You might have to work for me. *날 위해 (혹은 대신) 일해야 할 수도 있어*

'틀림없이'의 특성 상 과거 표현은 있을 수 없다. (그래서 'must'는
유일하게 과거형이 없다) 과거에 틀림없이 한 것은 그냥 'did'이기
때문이다.
'틀림없이 했을 것이다'라는 **(자기 확신의 예상)** 과거 표현은 'must have
p.p.'를 쓴다.

He must have finished it.
그는 틀림없이 그거 끝냈을 거야

'have to~'의 과거는 'had to(해야만 했었다)'로 쓰면 된다.

A: What about you?

너는 어땠니?

B: I had to (~~must~~) do that five years ago.

(나도) 5년 전에 했어야 했어

'had to'는 과거에 '했어야 돼'라는 의미만 있는 것이지 실제로 했는지 안 했는지는 모른다. 만약 하지 않았던 것을 했어야 했다면 앞에서 설명한 'should have p.p.'를 쓴다.

He should have completed it. *그는 그걸 완성 했어야 했다 (그런데 안 했다)*

마지막으로 'must'와 'have to'의 의미차이를 보이는 예문을 하나를 보자.

Paulo is a good student but absent today. He must (~~has to~~) be sick.

파울로는 좋은 학생인데 오늘 결석한 것을 보니, 틀림없이 아플 것이다

이 경우에는 파울로의 의지(~아파야 해)가 아니기 때문에 'has to'를 쓸 수 없다.

줄임말 모음; 잘 쓰면 좋지만, 공식적인 표현은 아니다.

have to(have got to) → gotta	I gotta work today.
going to → gonna	I'm gonna work today.
want to → wanna	I wanna work today.

▶ **문장을 쥐락펴락하는 helping verb에 익숙해지기**

영어문장은 helping verb가 성격을 결정하기 때문에 우리도 영어문장을 보자마자 helping verb를 감각적으로 꺼낼 줄 알아야 한다. 두 가지 좋은 연습 방법이 있다.

첫 번째는 뭔가 말을 해 놓고, '동의'를 구하는 문장이다. 긍정문은 부정으로, 부정문은 긍정으로 받으면 된다. 꾸준히 소리 내어 연습하다 보면, 문장의 helping verb를 빨리 알아차리는데 큰 도움이 된다.

I (do) speak English well.	Don't I?
나 영어로 말 잘해	*안 하나?*
Kevin didn't write the letter.	Did he?
케빈은 그 편지 안 썼어	*썼나?*
You were a shy boy.	Weren't you?
너는 수줍은 아이였지	*아니었어?*
Gavin is planning to go to Italy.	Isn't he?
게빈은 이탈리아 가는 계획 중이야	*안 그래?*
You have done me well.	Haven't you?
너 나한테 잘 해 왔잖아	*안 그래 왔어?*
He will contact her.	Won't he?
그는 그녀에게 연락할 거야	*안 할까?*
My boyfriend can't read Chinese letters.	Can he?
내 남자친구는 한문을 못 읽어	*할 수 있나?*

또 다른 방법은 누군가 어떤 말을 했을 때, 상대방이 '다른 누구도 (안) 그래 '라고 맞받아치는 경우다.

A: I (do) speak English well.

B: So does Sarah   *새라도 그래*

A: Kevin didn't write the letter.

B: Neither did I   *나도 안 했어*

부정문이면 'so' 대신 'neither'를 쓴다. 'neither' 자체에 'not'의 의미가 포함되어 있다.

A: You were a shy boy.

B: So was Jack   *잭도 그랬어*

A: Gavin is planning to go to Italy.

B: So am I   *나도 그래*

A: You have done me well.

B: So has your mom   *엄마도 그래왔지*

A: He will contact her.

B: So will Tom   *톰도 그럴 거야*

A: My boyfriend can't read Chinese letters.

B: Neither can mine   *내 것(내 남자친구)도 못해*

위의 것들이 어색해 보인다면 연습이 필요하다. 감각이 생긴다면 긴 영어문장의 문맥을 신속히 이해하는 데도 큰 도움이 될 것이다.

사실, 영어의 시제는 단순하다 (현재와 과거만 있다)

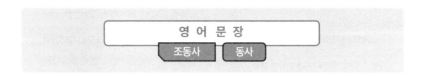

영어의 명확한 시제는 동사로만 표현된다. '지금도 이어지고 있는 것(현재)'과 '끝난 것(과거) 밖에 없다. 오히려 '현재시제', '과거시제'라는 용어를 쓰지 않는 편이 더 나을 수도 있다.

▶ 안 끝난 일 (현재시제)

현재시제는 지금(right now)을 의미하는 것이 아니라 **끝나지 않은 모든 상태(status)**를 나타내기 때문에 '과거'나 '미래'도 포함된 '계속되는'의 의미로 **폭넓게** 받아들여야 한다.

'I run'을 단순히 우리말 '달린다'로 받아들이면 안 된다. 오히려 '나는 달리는 사람이다'라는 개념으로 **폭넓은 상태로 생각하는 것**이 좋다.

이렇게 인지해야 앞으로 영어의 문맥을 이해하는데 큰 도움이 된다.

그래서 현재시제(run)는 지금 진행되고 있는 모습을 그리기에는 어색하다. 이때 'be ~ing'로 표현할 수 있다.

참고로 doing하고 있는 것이 주어(subject) 이다(=)'로 받아들인다면, 지금뿐만이 아니라 미래도 표현할 수 있다고 했었다. (I am running tomorrow.)

이렇게 현재(상태) 시제와 'be ~ing'의 표현은 다름을 인식해야 한다.

예문들을 보면서 어떻게 다른지 보자.

Jonathan (always) takes a shower after his work.

조나단은 일을 마친 후에 (항상) 샤워를 한다

조나단은 일이 끝난 후 샤워하는 것이 그의 일상이라는 뜻이다.

만약 (지금) 현재 샤워하는 중이라면 아래와 같이 'be ~ing'가 더 적당하다.

He is taking a shower (at the moment).

걔 (지금) 샤워 중이야

What do you do?

뭐 하니? 라는 뜻인데 일상적으로 뭐하냐는 의미로 이 문장은 관용적으로 직업을 묻는 질문이 된다. 우리 말로 '뭐 하는 분이세요?'라는 질문과 같다고 생각하면 된다.

아래와 같이 특정 시점(on the weekends)을 붙일 수도 있다.

What do **you (normally)** do **on the weekends?**

(주로) 주말에 뭐하니?

지금 뭐하는 중이냐라는 질문은 What **are** you **doing?**
이번 주말에 뭐 할 계획이냐라고 묻는다면 아래와 같이 한다.

What are **you** doing **this weekend?**

It rains **a lot in Korea in July.**

(일반적으로) 한국에서는 7월에 많은 비가 온다

Do you want to go home now? It is raining **outside.**

집에 가고 싶니? 그런데 지금 밖에 비가 와

여기서 궁금한 점이 생길 수도 있다. 위의 문장은 '지금 집에 가고
싶니?'라는 의미인데, Are you wanting~?으로 묻지 않았다.

아래의 동사들은

의미자체가 상태이기 때문에
want, need, know, understand
like, love, prefer, hate, remember,
believe, mean, forget, depend
그리고, BE

(dynamic) 순간을
나타낼 수가 없어서
be ~ing가 어색함

위에 단어들의 의미를 곰곰이 생각해보면 순간을 **나타낼 수 없기 때문에,**
(현재시제의 의미를 이해한다면) 소위 우리가 말하는 '현재진행형'으로
표현할 수 없는 것이 **당연하다.**
예를 들어 'want'를 단순히 '원하다'라는 우리말로만 이해하고 있다면,
'변덕스럽게 원했다가 원하지 않을 수도 있는 것 아닌가?'라는 생각을 할

수 있겠지만, 진정한 영어식 의미의 'want'는 무언가 결핍된 것을 원할 때 쓰는 느낌이기 때문에 순간적인(dynamic) 상황에 쓰기 어색하다. 이런 관점 자체가 영어 단어의 진정한 의미를 이해하는 데도 도움이 된다.

What are you talking about? I don't understand.

지금 뭐에 대해서 이야기하는 중이야? 이해를 못 하겠어

여기서 ~~I am not understanding~~이 안 된다는 것이다.

'간혹, '지금 이해가 되고 있어'라는 느낌을 말하고 싶을 때 I am understanding 이라 쓰기도 한다. (I am about to understand가 더 좋은 표현이긴 하다) 하지만 문법적으로는 틀렸기 때문에 공식적인 자리에서는 쓰지 말아야 한다.

또한, '<u>be ~ing</u>'가 무조건 '현재 진행형'이라는 생각은 금물이다.

~ing 의
두 가지 의미   1. (지금) ~하는   2. ~하는 (행위의 주체)

위와 같이 두 상황으로 분리가 된다.

I am boring.   *난 지루한 사람이야. (다른 사람을 지루하게 만드는)*

I   am   boring   (다른 사람을) 지루하게 하는

English is interesting.   *영어는 흥미로워*

위의 표현들은 '행위의 주체'를 말하는 것이지, 진행형이 아니다(뒤에서 다시 다룬다).

'be(am, is, are 등)'도 동작보다는 상태를 나타내기 때문에 being을 이용하여 진행형을 나타낼 수는 없다.

I am being happy.

('나 지금 행복해'라는 의미로) 일부 사람들이 종종 쓰기도 하지만, 굳이 문법을 엄격히 따질 필요는 없다. 필요하면 문법이 틀려도 쓰면 되는 것이고, 규칙을 지켜야 하는 글 등에서만 주의하면 된다.

따라서 'be'의 현재 상황(진행형)은 문맥으로 파악해야 할 때가 많다.

I am always happy with you, but I'm tired now.

너랑 있으면 나는 항상 행복하지만 지금은 좀 피곤하다

아니면 위와 같이 'always'나 'now' 같은 보조 단어의 도움을 받기도 한다.

▶ **끝난 일 (과거시제)**

과거는 현재와 별개이다.

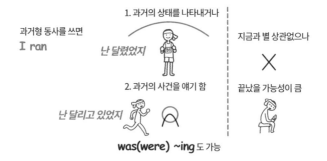

I went to the party last night.

어제 밤에 (~~yesterday night~~) 파티에 갔다 (왔다)

파티를 이미 갔다 왔을 때 쓸 수 있다.

'그 시간에 내 친구는 건강을 위해 뛰고 있었다'는 아래와 같이 쓰면 된다.

My friend was running for his health at the time.

A: What were they doing?   *그 사람들 뭐하고 있었어?*
B: They were choosing something. *뭔가 고르고 있었어*

위 표현은 그 당시 사람들이 무슨 행위를 하고 있었냐는 데 초점이 맞춰진 것이다.
일반적인 과거와 'was ~ing'의 의미 차이가 크지 않을 때도 많다.

I thought you were right. = I was thinking you were right.
당신 생각이 맞다고 생각했어

과거의 특정한 때에 '뭔가 하고 있었다'는 의미로 'was(were) ~ing'를 쓴다.

When you called me, I was sleeping. So I couldn't answer the phone call from you.
네가 나한테 전화하고 있을 때 자는 중이어서 전화를 못 받았어

뒤에 설명될 개념이지만 주된 문장(I was sleeping)을 이 책에서는 '**뼈대문장**'이라고 칭한다. 그리고 나머지(when you called me)들을 '영어의 살'이라고 할 것이다.
주로 영어의 살에 쓰이는 문장은 특별한 경우가 아니라면 'be~ing'등을 잘 쓰지 않고 현재나 과거형태로 <u>단순하게 표현할 때</u>가 많다.

I was angry with you because of your blaming.

너의 비난 때문에 화가 났었다

지금은 화가 풀렸을 가능성이 크다. 지금도 화가 나 있는 상태라면 'I am angry~'라고 하기 때문이다. 아니면 시점을 말해주면 지금 화가 나 있는 상태와는 상관이 없는 표현이 된다. 'I was angry~ yesterday.'와 같이 말이다.

When I was younger, I wasn't pretty.

더 어렸을 때는 예쁘지 않았다

Brittni and I were good friends but weren't seen since I left Australia.

브리트니와 나는 좋은 친구였는데 내가 호주를 떠난 이후로 보지 못했다

Were you happy with food when you were in Thailand?

태국에 있을 때 태국 음식이 맘에 들었니?

He didn't do anything for his future.

그는 미래를 위해 아무것도 하지 않았다

She was going to enter the university.

그녀는 그 대학에 들어가려고 했었다

대학을 갈 예정이었으나, 실제로는 가지 않았을 가능성이 높은 문장이다. 갈 예정조차 하지 않았다면 아래와 같이 부정문으로 쓰면 된다.

(However,) He wasn't going **to enter the high school.**

(어쨌든) 그는 고등학교에도 가려고 하지도 않았다

▶ 우리말 개념에는 없는 have + p.p.

앞서 간략히 소개한 'have p.p'를 자세히 설명하고자 한다. 우리나라
사람들이 'have p.p.'의 표현을 어려워하고 잘 쓰지 못하는 이유는
우리말에 없는 개념이기 때문이다.

 너 숙제 했니? ⟶ *하나의 표현, 하나의 개념*

위와 같이 우리말의 과거는 하나의 개념이다. 하지만 영어는 아래와 같이
두 상황으로 분리가 된다.

만약 어제 숙제를 마치라고 주문을 했다면, 그림과 같이 물어보면 된다.
과거를 묻는 것이다.

Did you do your homework (yesterday)? *(어제) 숙제했니?*

하지만 영어에서는 (우리말에는 없는) 다른 개념이 하나가 더 있다.

현재 숙제를 **마친 상태**인지만 궁금할 수도 있다. 굳이 시제를 따지자면 **과거가 아닌 현재 상황**('have'는 현재다)을 묻는 것이다. 이 개념이 have p.p.이다.

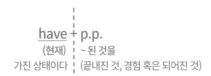

과거 일로 인한 현재의 상태이니 과거와 현재가 오묘하게 조합된, 우리말에 없는 개념이다. 우리의 머릿속에 이 개념을 만들기만 하면 된다. 복잡하게 생각하지 말고, **'현재의 상태'**라고 생각해보자.

have p.p.가 과거가 아니라는 개념을 잡기 위해 이루어진 시점(과거)을 더 살펴보자.

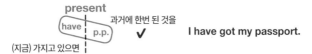

내가 여권을 챙긴 행동(got)은 한번 일 것이다. 그리고 이 행동으로 인해 내 손에 여전히 여권이 있다는 의미로 have p.p.를 쓸 수 있다.

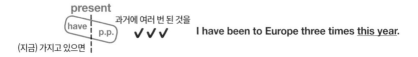

내가 유럽에 3번 간 경험을 (지금) 가지고 있다는 것을 표현하기 위해 have p.p.를 쓴 것이다. 이렇게 여러 차례의 과거 경험들을 쓸 수도 있다.

I have loved you <u>for a long time</u>.

'love'와 같은 단어들을 have p.p.로 쓰면 아래와 같이 '오랫동안 ~해왔다'고 뭔가 지속된 느낌일 때가 많다 즉 have p.p.는 위와 같은 3가지 경우를 모두 쓸 수 있기 때문에 아래와 같이 받아들이면 된다.

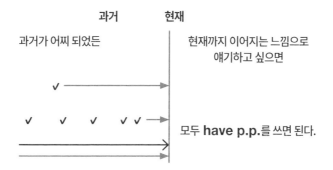

I have studied biology so I understand that.

생물학 공부해 봐서 그거 이해해

생물학 공부를 계속해 왔는지, 혹은 과거에 공부한 경험이 있는지 이 문장에서는 명확한 구별은 안 되지만, <u>생물학의 지식이 **여전히** 내 머릿속에 **있다**</u>는 의미로 말하는 것이다.

I have studied English since I was young.

어릴 때부터 영어공부를 해왔어

위의 문장은 어감 상 영어공부를 (쭉) 계속해 왔다는 의미일 것이다.
아무튼 'have p.p.는 현재의 상태를 나타내는 말이기 때문에 **과거 시점과는 상관이 없다.**

present
past
when

지금 상태이기
때문에

과거 시점은 언급될 수 없다

I have studied

I have studied yesterday. 이럴 경우에는 I studied yesterday라고 쓴다.

반면에 과거시점이 아니고, 현재의 시점(this year)이나 기간(for a long time)이 포함되면 have p.p.와 함께 쓸 수 있다.

Have you seen your sister <u>today</u>? *오늘 너네 누나 봤니?*

I have met the CEO three times <u>this week</u>.

이번 주에만 대표이사를 3번 만났어

그렇다면 'have p.p.'는 <u>앞으로의 일(미래)</u>와 어떤 관계가 있을까?

She's <u>lived</u> in New York for two years.

여기서 's는 'has'의 줄임말이다. 그녀는 2년 동안 뉴욕에서 살았고 <u>아직까지 거기에서 살고 있거나</u> 아니면 <u>이제 떠나려고 하는 경우</u>에 모두 쓸 수 있다.

다시 말하면 have p.p는 아래 그림과 같이 현재 이후(미래)와는 아무런 상관이 없다는 뜻이다.

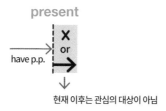

present

have p.p. × or →

↓

현재 이후는 관심의 대상이 아님

have p.p.는 현재의 상태이기 때문에 그 행위가 지금 막 끊어(X) 졌을 수도 있고 이어질 (→) 수도 있는 것이다. 아래의 과거 표현과 비교해 보자.

She lived in Seoul for six years, but she now lives in New York City.

그녀는 서울에서 6년 동안 살았는데 지금은 뉴욕시에 살고 있다

영어문장을 만들 때 ①과거표현이 적당할지 ②have p.p.가 어울릴지 애매한 경우가 발생할 수 있다. 그러나 복잡하게 생각할 필요 없이 이런 경우는 대부분 ③둘 다 무방하다.

past ① ③ 과거 ② have p.p.

John has gone back to Korea.
John went back to Korea.

단순히 존이 한국으로 갔다는 것을 언급하고자 하면 위의 두 문장 모두 써도 된다.

Have you seen William today?

Did you see William today?

'오늘 윌리엄 봤니'의 의미이다. 둘 다 괜찮다.

결국 ①과거표현과 ②have p.p.를 분리시켜야 하는 상황만 이해하면 우리말에는 없는 개념인 have p.p.를 영어식으로 받아들일 수 있게 된다.

일상에서 우리가 과거라고 생각하던 문장들 중에 사실 상 have p.p.인 경우가 상당히 많다.

Have you watched the movie? *그 영화 봤어?*

영화를 언제 봤느냐가 중요한 게 아니고 지금 본 상태임을 묻기 때문에 '과거'표현보다는 have p.p.가 더 어울린다.

I have been to the USA twice. *나는 미국을 두 번 가본적 있다*

언제 갔다 왔는지는 중요하지 않다. 지금까지 두 번 갔다 온 상태라는 말을 하고 싶은 것이다.

이 경우 '**have been to장소**'를 가장 많이 쓴다.

I went to the USA last year. *작년에 미국을 갔다 왔다*

과거 시점인 'last year'가 들어 있다. 즉 작년에 갔다 온 이 행동은 과거로 끝난 것이다.

Have you ever been to North Korea? *북한에 가본 적이 있나요?*

이렇게 '경험의 유무'를 묻는 질문에 'ever'를 많이 사용한다. 'ever'의 영어식 표현은 아래의 그림과 같이 뭔가를 쭉 끝없이 늘린 느낌으로 받아들이면 된다.

Did you visit North Korea for your business in 2005?

2005년도에 비즈니스 때문에 북한에 갔었나요?

'in 2005'이라는 문구가 없어도 이러한 (과거의) 의미라는 느낌을 알아차리
도록 하자.

I haven't seen before. 본 적이 없다

I have never been to North Korea. 북한에 가본 적이 없다

'never'는 'not'과 같은 의미지만 'not'과 'ever'를 합친 느낌으로 쓰면 된다.
'ever'와 같이 'have p.p.'와 자주 같이 쓰이는 단어들(just, already, yet 등)이
있다. 과거표현과 함께 알아두면 좋다.

I have just begun studying English.

지금 막 영어 공부를 시작했다

'just'는 '범위를 좁게' 만들어 주는 단어라 여기서는 '방금'이라는 의미가
된다. 'have'와 'p.p.' 사이에 쓴다.

For that, I have already arrived in Canada.

그걸 위해 이미 캐나다에 도착했다

'already'는 기대 혹은 예상보다 빨리 발생한 경우에 쓰기 때문에 '이미',
'벌써'의 의미가 된다.

So, my English hasn't completed yet.

그래서 내 영어는 아직 완성이 안 되었다

'yet'의 경우에는 의문문뿐만 아니라 부정문에 쓰며, 언젠간 할 것으로 예상하는 표현이다.

▶ **had p.p.**

had p.p.의 의미도 have p.p.에서 파생되었기 때문에 같은 원리로 생각하면 된다. 단지 p.p.(~된)를 가진 시점을 과거로만 옮기면 된다. (과거의 그 경험 등을 가진 상태였다)

예를 들어, 자서전 같은 글에 이런 표현을 많이 쓴다. 자서전은 과거를 얘기하는 내용인데, 얘기하는 시점보다 더 과거에 일어난 일을 언급할 때, had p.p.를 많이 쓴다.

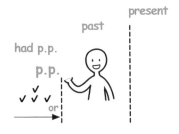

I was not able to enter a university since I had got poor school records.

나는 대학에 입학할 수가 없었다. (그전의) 학교에서 나쁜 성적을 받은 상태였기 때문이다

When I entered my home, my mom had already slept.

내가 집에 들어갔을 때 이미 어머니께서 주무시고 계신 상태였다

내가 집에 들어가기 전에 이미 어머니가 잠들었기 때문에 'had p.p.'를 쓴 것이다.

▶ have p.p.앞에 helping verb를 붙이기

일반동사와 BE동사에는 will, can 등 모든 helping verb를 자유롭게 붙일 수 있지만, have p.p. 앞에는 제한적으로 쓰인다.

'will'을 붙이면, 미래의 어떤 시점 전에 어떤 일이 끝내질 것이라는 표현이다.

A: Are you able to finish your work before we leave?

떠나기 전에 마칠 수 있어?

B: Sure, I will have finished it before that.

(확실히) 그전에 일을 끝낼게

'have p.p.' 앞에 'must'를 붙이면 '틀림없이 끝냈을 것이다'라는 의미가 되고, 그 반대는 'cannot'을 붙이면 된다.

A: Has Tom finished his work?

톰은 일 끝냈을까?

B: He is so diligent. He must have finished it.

부지런하니, 틀림없이 그럴걸
(부정문은 He cannot have finished it)

She may have invited you.

그녀가 (아마) 널 초대했었을지도 몰라

그런데 would등이 have p.p.(혹은 had p.p.)앞에 쓰이면, <u>특별한 의미가</u>
<u>된다</u>.

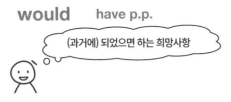

would (could) have p.p.는 '과거에 하고 싶었다(혹은, '하려고 했다')'라는
뜻으로 '하지 않았다'는 뉘앙스가 있다. 특히 should have p.p.는 실제로
벌어진 **과거와 반대의 상황**이다(~했어야지!). 아래의 예문들을 읽으며
익숙해져야 한다. 익숙해지면, have는 've(브)로 짧게 발음하면 된다. 일상
대화에서 자주 쓰이는 표현이니 반드시 연습하자.

I would have made you happy.

널 행복하게 만들고 싶었다

You could have been to Europe.

넌 유럽에 갈 수 있었을 거야

You should have told me before you went home.

집에 가기 전에 나한테 말했어야지

I shouldn't have done this.

이거 하지 말았어야 했는데

They might have regretted saying that.

그들이 (그 말을 해봤자) 그렇게 말한 것을 후회하지 않았을까 해

위의 표현들은 모두 현실(과거)과의 반대일 가능성이 크다.

한편, 'have p.p.'와 'be ~ing'가 만나면 p.p.와 'be'가 만나서 'been'의 형태가 된다.

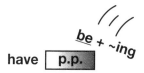

'have been ~ing'를 'have p.p.'와의 차이로 이해하면 더 명확해진다.

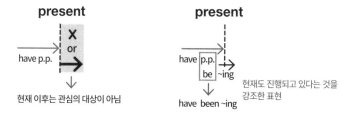

Even though I have been studying **English for a long time, I cannot speak English well.**

영어를 오랫동안 공부했음에도 불구하고 영어로 말을 잘 못한다

'영어공부를 예전부터 해오고 있었고, 지금도 공부를 하는 중이다'라는 것이다.

It means I have been struggling **with studying English since I was young.**

이 말은 어린 시절부터 영어공부로 인해 (계속) 고생하고 있다는 의미이다

▶ **과거와 완전히 단절시키자 used to**

이 표현을 이해하려면 'use'의 정확한 의미를 먼저 받아들이는 것이 좋다.
우리는 보통 'use'라는 단어를 접하면 우리말로 '사용' 혹은 '사용하다'라는

단어를 떠올릴 것이다. 하지만,

USE = 사용 소비 말 생각 / 하다 / a car money simple language good thinking

위와 같이 use는 소비하고, 말하고, 생각하는 행동까지 모두 쓸 수 있다. 차라리 뒤에 명사들을 가지고 뭔가 '하는(do with something)' 개념으로 생각하면 된다.

USED = 사용 소비 말 생각 / 했었다 / a car money simple language good thinking
to study

'used'에 'did'의 의미로 반영하여 '공부하기(to study)를 했었다'로 받아들이면 된다.

'used'를 사용함으로써 그 동작(to~)을 '했었다(used)'의 의미로 현재와 완전히 단절시켜 지금은 하지 않는 상태를 나타내는 말이다.

여기서 'used' 뒤의 행동을 '~ing'가 아닌 'to + 동사'를 쓴 이유에 주목할 필요가 있다.

('~ing'와 'to+동사'의 어감 차이이기도 하다)

~ing swimming (지금) ~하는 것 짧은 느낌!

to+ 동사 swimming (단순히) ~하는 것 + (앞으로) ~할 것 더 긴 느낌!

그래서 'to 동사'가 미래를 표현하는 것이 아니라면 <u>일회성 행동</u>이 아니라 지속되는 행동을 나타낸다. 그래서 'used to 동사'도 **한번 한 것이 아니라 과거에 일정 기간 해왔다**는 의미이다.

I used to **love her.**

그녀를 사랑했었다 (지금은 아니다)

A: Did you use to **work in Korea?**

한국에서 일한 적 있어?

B: No I didn't use to **work anything in Korea.**

전혀 없어

'used to'와 'use to'의 발음은 똑같다. 'd'의 발음은 하지 않기 때문이다. 'used to'뒤에 동사(do)를 붙여 '~하는 행동을 했었다'가 되기 때문에 만약 '과거에 ~였다'라는 말을 하고 싶다면 BE동사를 써서 'used to be'를 쓰면 된다.

I used to be **a smart student.**

나는 똑똑한 학생이었다 (지금은 아니다)

Actually, I used to be **annoyed with you.**

사실 너한테 짜증 났었다

지금은 풀렸지만, 과거에 잠깐 짜증 났을 때는 어울리지 않는 표현이라는 것을 알 수 있다.

'used to'를 쓰지만 완전히 다른 표현이 있다. 앞에 'be'를 붙여 'be used to'가

되는 표현이다. be동사를 바로 인식하는 연습이 되었다면 used to(일반
동사이다)와 구별이 쉽게 될 것이다.

물론 이 표현은 뒤에 'be + p.p.'를 접해야 완전한 이해가 될 것이다. 우선
간단히 보자.

used = do   'use'에 'do'의 의미가 있고,

used = did   과거형인 'used'에 'did'의 의미가 있다면,

p.p.의 'used'에는 'done'의 의미가 있을 것이다. **used (p.p.) = done**

'I am done (다 해버렸어)'의 의미와 비슷하게 되어서 'I am used to
명사'는 (완전히 그것을 다 해버렸다는 느낌으로) '~에 익숙하다'라는
의미로 쓰인다. 'to~' 뒤에는 그 익숙한 대상인 명사를 쓰거나 ~ing 형태로
쓴다.

BE + USED to + 명사(형)

p.p.

I	am	used	to
나	=	(완전히) 뭔가 **다 해 버린** 느낌	→ 뭔가에

뭔가에 익숙하다

I'm not used to western cultures. *난 서양문화에 적응되지 않아*
I will get (be) used to this area soon. *이 지역에 곧 익숙해질 거야*
I (already) got used to living here. *난 여기 사는 것에 (이미) 익숙해졌다*

BE동사 대신에 'get'을 써도 되지만, **의미는 완전히 다르다.** p.p.를 다루는
부분에서 다시 설명될 것이다.

> 'be used to'뒤에 명사가 아닌 동사를 쓰게 되면 의미 그대로 '~을 하는데 쓰였다'라는 뜻이다.
>
> **The broom was used to <u>clean</u> the room.**
> *그 빗자루가 그 방을 청소하는데 사용되었다*

▶ 이런 것들도 helping verb라고?

helping verb는 동사에 의미를 추가하는 역할을 한다. 그런 의미에서 아래와 같이 다소 독특한 helping verb들도 있다.

You had better go. *너 가야 해*

특이하게 두 단어로 이루어진 하나의 helping verb이다. 그래서 부정문으로 쓰면 'not'을 helping verb인 'had better' 바로 뒤에 붙인다. (의문문으로는 어색해서 쓰지 않는다)
앞서 말했듯이 과거의 표현이 아니다. (영어에서는 이런 '과거형'이 과거를 나타내지 않을 때가 많다).

I had better <u>not</u> eat too much carbohydrate.
난 탄수화물 많이 먹으면 안 돼   *(카보우하이드레이트)*

아래와 같이 줄임말로 많이 쓴다.

I'd better be going.
나 가야 해

'need'나 'suppose' 등도 helping verb로 쓰이기도 한다.
긍정문으로는 잘 안 쓰이고 가끔 부정문의 형태로 쓰인다.

You needn't explain this to me.

나한테 설명할 필요는 없어

He suppose not do his homework.

걔는 숙제 안 할 것 같아

당황스러울 수도 있겠지만, helping verb의 개념과 역할을 이해하고 있다면 받아들이는데 문제가 없을 것이다.

그냥 'need'나 'suppose'의 의미를 helping verb로 이용한다고 생각하면 된다.

2부

동사 뒤에 따라오는 말에 익숙해지기

동사는 혼자가 아니야

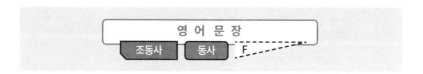

겉보기에 영어문장은 '단어들'이 모여서 이루어진 것으로 보이지만, 눈에 보이지 않는 문장구조(순서)가 숨어 있다고 했다. 그 구조(순서)는 동사(그리고 조동사)를 중심으로 문장이 구성된다(다시 강조하지만, 문장에서 동사가 없으면 안 되고, 한 문장에 단 1개의 동사만 존재한다) 그래서 원어민이 아닌 우리에게는 영어에서 (3가지 종류의) 동사의 파악이 가장 중요하다.

게다가 동사는 뒤에 '따라오는 말'들이 어느 정도 뻔히 정해져 있다. 즉 동사는 뒤에 따라오는 (본 책에서 만든 개념인) following verb와 함께 그 뜻이 완성된다.

'동사 + (따라오는 말인) following verb' → 따라오는 말이 정해져 있다는 의미

즉, 동사 **뒤에 따라오는 말에 익숙해지면** 그만큼 영어는 쉬워진다.

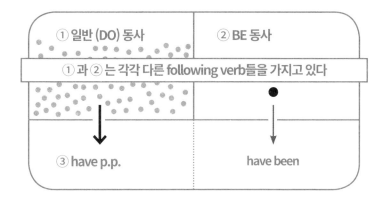

특히 ① 일반적인 동사들과 ② BE동사는 다른 종류의 following verb들을 가지고 있다는 것을 알아야 하며, 이들을 각각 설명할 것이다. 궁극에는 이 **동사부분을 무의식적으로 처리될 만큼 익숙**하게 만들어야 한다.

▶ 동사 뒤에 따라오는 말(following verb)의 역할

동사 뒤에 따라오는 말은 **동사의 영향력을 받는(→) 대상**이다. 너무 당연한 듯하지만, 이에 대한 명확한 이해가 필요하다. 동사는 앞뒤에 단어가 올 수 있다. 주어와 목적어라고 부르지만 그 역할을 정확히 알도록 하자.

<u>People</u> study <u>English.</u>　　*사람들은 영어공부를 해*
　↓앞　　**동사**　　뒤↓

주어라고 부르지만,　|　목적어라고 부르지만,
동사를 하는 주체　|　**동사의 행위를 받는 대상**
　　　　　　　　　　|　(이 책에서는 following verb라 칭함)

그래서, 아래와 같이 following verb가 없으면 동사의 행위(혹은 영향력)를 **받는 대상이 없기 때문에** 주어가 행위의 주체도 되고 그 행위의 영향을 직접 받는 것이 된다.

I stopped. *난 멈췄다 (멈추려고 하는 것도 나, 멈춰지는 것도 나)*

 ←

반면에, following verb가 있으면 동사의 영향력을 받는 대상이 된다.

I stopped you. *내가 너를 멈추게 했다 (멈추려고 하는 것은 나이지만, 멈춰지는 것은 너)*

 →

위와 같은 개념은 앞으로 영어를 제대로 구사하는데 큰 도움이 된다
사실상 자동사니, 타동사니 구별하는 것은 별 의미가 없다. 동사의 영향력을 받는 대상이 있냐, 없냐(없으면 주어가 받는 것)의 차이일 뿐이다. 간혹 우리말로 해석하면서 의미가 다른 것처럼 보이는 경우가 있을 뿐이다.
예를 들어 'stay'라는 단어는 자동사로 쓰이면 우리말로 '머물다'의 의미이고, 타동사로 쓰이면 '~을 막다'의 의미라고 한다. 하지만 엄밀히 말하면 영어식으로는 모두 같은 뜻이다.

stay + ~~'following verb'~~ stay + 'following verb'

주어가 **stay** 하는 것 주어가 **'following verb'**를 **stay** 하게 하는 것

I am staying (in Vietnam). *나는 (베트남에) 머무르고 있어*

 ←

The government has stayed the foreign company.

→　　　정부는 그 외국회사를 막고 있어
　　　(못 들어 오게 머무르게 하는 것)

'leave'도 마찬가지이다.

I am leaving. (following verb)　　나 간다 (떠난다)

←

Leave the dishes. (following verb)

→　　　접시들 그냥 두고 가세요 (~을 두고 떠난다)

이런 개념을 이해하면 sleep은 주로 following verb가 없이 쓰이지만, following verb를 붙여도 의미를 쉽게 알 수 있다.

Each room can sleep two.　각 방은 2명씩 재울 수 있다(숙박시킨다)

→

이로 인해, 영어에서의 동사를 더 깊이 이해할 수 있게 된다.

I sit.　난 앉는다

←

I sit my guest.　난 손님들을 앉힌다

→

I sit tables.　난 테이블들을 가져다 놓는다

→　　　(sit를 단순히 '앉는다'라는 뜻으로 알면 안 된다.)

동사 뒤에 전치사를 써야 할지 말아야 할지 쉽게 파악되기도 한다.

She sat on the chair.　그녀는 그 의자에 앉았었다 (그녀가 앉은 것)

←

만약 전치사 on을 쓰지 않으면 다른 의미가 된다.

She sat the chair. *그녀는 그 의자를 앉혔다 (그 의자를 가져다 놨다)*
    →

이러한 이해는 앞으로 길고 어려워 보이는 문장을 처리하는 데 큰 도움이
될 것이다. (미리 얘길 하자면, 문장에 'on which'따위가 들어가도 쉬워질
것이다)

'동사 + 전치사'가 마치 하나의 동사처럼 여겨져 following verb를 붙이는 경우도 있다.

① 동사 뒤에 전치사를 붙여 숙어처럼 쓴 경우와,

    I gave up all of my bad habits. *내 나쁜 습관을 모두 포기했다*
    →

② 전치사로 동사의 의미를 확장하는 경우가 종종 있다.

    I believe you. 널 믿어.   **I believe in you.** 널 전적으로 (완전히) 믿어
    →   →

▶ **동사 뒤에 어떤 단어가 따라오는지 명확히 알자(following verb)**

동사의 뜻을 완성하기 위한 following verb

'inform이 무슨 뜻?' 이라는 질문을 받으면 뭐라고 답할 것인가? 아마
'알리다'라고 답할 것이다. 하지만, 단순히 'inform'을 '알리다', 'explain'을
'설명하다'로만 생각해서는 **안 된다**. 뒤에 따라오는 following verb가 어떤
의미와 역할을 하는지 정확히 알아야 한다.

예를 들어

I explained you.는 '~~너에게 설명했다~~'가 아니다. **'너를(너에 대해서)
설명했다'**라는 의미이다.

My teacher always explains difficult theories (to us).

선생님은 항상 (우리에게) 어려운 이론을 설명한다

반면에

I informed the friend.는 '~~그 친구라고 통보했다~~'가 아니라, '그 친구에게 통보했다'이다.

My secretary informed me (of the event).

비서가 나에게 (이벤트에 대해) 알려줬다

inform + following verb로 **정보를 받는 대상(주로 사람)**이 따라옴
explain + following verb로 **설명이 되는 대상**이 따라옴

영어에서 새로운 동사를 습득할 때 단순히 우리말로만 그 뜻을 파악하지 말고 뒤에 어떤 단어(following verb)가 따라오는지 유심히 살펴봐야 한다는 것이다. 이렇게 하면 ①**동사의 뜻도 명확**해지지만 ②**어떤 전치사를 써야 하는지도 분명**해진다.

following verb의 존재 여부에 따라 명확해지는 동사의 뜻

우리말의 개념으로는 뜻을 명확히 분리하기 힘든 단어들이 있다. 예를 들어 '**hear**'와 '**listen**'이다. 둘 다 우리말로 '듣다'라는 개념으로 생각되지만, 사실 다른 의미이다. 이때 동사 뒤에 따라오는 말(following verb)에 관심을 가지면 개념을 쉽게 구별할 수 있게 된다.

'listen'에서의 '듣는' 의미는 귀를 여는, 즉 '듣는 행위에 초점'이 맞추어져 있다.

 **I can listen.** *나는 들을 수 있(는 사람이)다*

따라서 뒤에 following verb가 없어도 문장이 완성된다. 아니 그게 더 자연스럽다.
반면에 '**hear**'는 **소리가 나는 대상이 있어서** 그 소리를 듣는 것이다.

I am hearing you. *나는 너(의 얘기나 소리)를 듣고 있다*

그래서 항상 '**hear**' 뒤에는 소리가 나는 대상(you)이 따라와야 한다.
(following verb)

만약 'listen'뒤에도 뭔가를 붙이고 싶다면

I am listening   to   you.   *나는 귀를 열고 있다. 너한테(to)*

별도의 의미를 가진 전치사, 'to'를 붙여서 위와 같이 써야 하는 것이다.

이렇게 되면 'listen'과 'hear'를 우리말로 번역하면 둘 다 '듣다'이지만,
following verb의 개념을 접목하면 그 뜻은 완전히 다름을 쉽게 알 수 있다.

listen + ~~following verb~~ 가 <u>없기</u> 때문에 '<u>듣는 행위</u>'에 초점
hear + following verb 가 <u>있기</u> 때문에 '<u>소리 나는 대상</u>'에 초점

▶ '말하다'의 의미이지만 각각 다른 **following verb**들이 따라오는 동사들

우리말로 생각하면 '말하다'의 의미이지만, 뒤에 어떤 말들이 따라오는지
(following verb)로 그 차이점들을 분명히 알 수 있게 된다. 아울러 의미를
바꾸고 싶다면 별도의 전치사를 붙여야 한다.

우선 'say'를 보자. 결국 '말하다'이지만, '어떤 말이나 대상'을 말로 전달할
때 쓴다. 그런 단어들이 following verb로 따라 온다는 것이다.

I said (that) you were so pretty.　너 예쁘다고 말했어

I have surely said 'No'.　확실하게 '아니'라고 말한 상태다

'say'를 이용해 '누구한테 말하다' 로 표현하고 싶으면 'to'가 필요하다.

I already said to you.　너한테 이미 말했다

'어떤 대상에 대하여 (포괄적으로) 말하다' 로 표현하고 싶으면 'about'이 필요하다.

He says about you.　그는 너에 대해 말해

He says you.　그는 '너 (라는 단어, 혹은 너의 이름)'를 말해

사실상 위 두 문장들의 미세한 차이점들을 우리말로 정확하게 표현한다는 것 자체가 어려워 보일 순 있다. 하지만 구별할 줄 알아야 'say'를 영어식으로 이해할 수 있게 된다.

'listen'이 듣는 행위에 초점이 맞춰져서 **following verb**가 필요 없었듯이 'talk'도 <u>이야기를 주고받을 때</u> '입을 여는 행위에 초점이 맞춰져 있어 **following** verb가 없어도 된다.

We are talking (now).　우리 지금 얘기 중이야

그래서 다른 의미를 부가하려면, 'to'나 'about' 등을 추가한다.

I will talk to a friend of mine. *내 친구 중 하나랑 얘기해 볼게*

Your boss was talking about you. *너의 보스가 너에 대해 얘기하고 있었어*

'speak'가 'talk'와 다른 점은 'speak'는 이야기를 주고 받는 대화의 느낌보다는 **말을 내뱉는 그 행위**에 초점이 맞춰져 있다.

I am speaking now. *나 지금 말소리 내고 있잖아 (연설 등)*

그래서 following verb로 그 '언어'가 따라올 수 있다.

My son speaks French. *우리 아들은 프랑스 말을 해(프랑스 말을 뱉어)*

Let's speak to our teacher. *우리 선생님__한테__ 말해보자*

때론 전치사가 있건 없건 의미가 비슷해 보일 수도 있다(물론 정확히는 다른 뜻이다).

Speak English. *영어를 말해라 (내뱉어라).*

<u>Speak in</u> English. *영어(범위)로 말해라.*

그리고 아래와 같이 전치사가 동사에 작용하기보다는 뒤에 작용할 때도 있다.

I have <u>spoken in the group meeting</u>.

나는 그룹 미팅에서 말을 한적 있어

이번엔 'tell'을 보자. 이 역시 '말하다'이지만 듣는 ① **대상에게** ② **뭔가를** 말하는 것이다.

뒤에서 설명하겠지만 following verb가 2개가 필요한 특이한 동사이다.

You have told <u>me</u> <u>the truth</u>. *나에게 진실을 말했다 (말한 상태다)*
　　　　　　　① 　　　②

물론 following verb가 하나만 와도 된다.

Please tell me. 　　　　　　*나한테 좀 얘기해봐*

You have to tell the truth. *진실을 말해야지*

다음 부분에서는 이렇게 following verb가 2개 따라오는 문장들은 다루어 보자.

참고로 영어를 우리말로 받아들이면, 그 뜻을 이해하기 힘들다는 예시를 다른 측면에서 살펴보자. 영어 한 단어에 여러 뜻이 있다고 여겨지는 것은 우리말 단어로 해석하기 때문이다. (사실은 영어식으로는 하나의 의미에서 확대되는 것이다)

우리 식의 영어사전에는 '**come**'이 여러 가지 뜻이 있다고 설명한다.

1. 오다　　　2. 되다　　　3. 나오다　　　4. 가다　　　5. 생기다

우리 말로는 모두 다른 뜻이다. 하지만 '**come**'의 고유의 의미는 아래와 같이 하나이다.

　　'**come**'은 <u>나타나는 개념</u>으로 생각하면 모두 해석된다.

I am coming. 　　　　　　　　*나 <u>갈게</u> (나타날게)*

When do you come? 　　　　　*너 언제 <u>오니</u>? (언제 나타나니?)*

A movie coming soon 　　　　*곧 <u>개봉할</u> 영화 (곧 나타날 영화)*

Your turn has come. 　　　　*순서가 <u>되었어</u> (네 순서 나타났어)*

My son came to school age. *내 아들 학교 갈 나이에 <u>도달했어</u>*

　　　　　　　　　　　　　　　(학교 갈 나이에 나타났어)

'**come**'을 우리말로 바꾸고자 하면 마치 여러 가지 뜻이 있는 것처럼 느껴지지만, 괄호( )
안의 개념으로 생각한다면 하나의 이미지로 쉽게 받아들일 수 있다.

번역이 목적이 아닌, 영어문장의 이해를 위해서라면 이해가 가능한 범위 내에서 영어식으로
투박하게 받아들이는 것이 좋다. 억지로 우리말로 바꾸려 한다면 오히려 의미가 왜곡될 수
있다.

▶ 2개의(명사) following verb가 따라올 수 있는 동사들

give라는 동사는 우리가 무척 쉬운 단어라고 여긴다. 하지만 오히려
이러한 기본 단어의 동사들이 더 다루기 까다롭다. 예를 들어
I'll give the dog.는 '그 개를 줄게'라는 의미도 되지만, 경우에 따라 '그
개에게 줄게'도 된다.

그래서 이런 단어들은 아예 following verb를 동시에 두 개를 쓸 수 있다.

> **I'll give <u>you</u> the dog.**　*너에게 그 개를 줄게*
>
> 　　　$\rightarrow$　$\rightarrow$

영어에서 이렇게 명사 두 개(you, the dog)를 붙여 쓸 수 있는 동사는
생각보다 많지 않다.

일종의 고도화된 형태인데, 미리 말해두자면 **기본 영어단어들이 주로
이렇게 쓰인다.** 아래의 그림에서 나타내고자 하는 바는, 몇 안 되는
기본단어들이지만(수십 만개의 동사들 중 극히 일부이다), 그 사용빈도는
상당히 많기 때문에 별도로 익숙해 지자는 의미이다.

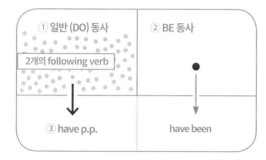

bet, bring, build, buy,
cost, get, give, kick,
leave, lend, make, offer,
owe, pass, pay, play,
promise, read, refuse,
sell, send, show, sing,
teach, tell, wish, write,
그리고 do

He gives <u>trees</u> <u>water</u>. *그는 나무들에 물을 준다*
　　　　　① 　　②

He doesn't tell <u>his children</u> <u>any boring story</u>.
　　　　　　　　→ 　　　　　　　→

아이들에게 지루한 얘기는 안 한다

He teaches <u>students</u> <u>English</u>. *학생들에게 영어를 가르친다*
　　　　　　→ 　　　　→

He brings <u>the friend</u> <u>a dream</u>. *그 친구에게 꿈을 가져다 준다*
　　　　　→ 　　　　→

위에 동사들은 상식적으로 파악할 수 있고, 아래의 동사들도 예문과 같이
2개를 쓰기도 한다.

I will get <u>you</u> <u>some drink</u>. *음료수 좀 갖다 줄게*
　　　　→ 　→

My boyfriend has made <u>me</u> <u>lunch boxes</u>.

남자친구가 도시락을 만들어 줬다 　→ 　→

Can you please buy <u>me</u> <u>beer</u>? *맥주 좀 사줄래?*
　　　　　　　→ 　→

You need to write <u>her</u> <u>a letter</u>. *그녀에게 편지 쓸 필요가 있어*
　　　　　　→ 　→

I have to read <u>the children</u> <u>the story</u>.
$\rightarrow$ $\rightarrow$

아이들에게 그 이야기를 읽어줘야 한다

참고로 'do'도 이렇게 쓰일 수 있다.

Could you do <u>me</u> <u>a favor</u>? *나에게 호의를 해 줄래?*
            $\rightarrow$ $\rightarrow$ *('부탁 좀 들어줄래?'라는 우리말로 해석하지 말고*
                                   영어식 의미 그대로 받아들이자!)

▶ **똑같은 verb로 following verb를 두 개를 넣거나 하나만 넣기**

* 이 부분을 공부하기 전에 chapter 9의 전치사(의미만)를 먼저 공부하고 와도 좋다

2개의 following verb들의 순서를 바꾸어 보자.

The world gives <u>me</u> <u>lots of opportunities</u>.
                    ①   ②

The world gives <u>lots of opportunities</u> *to* <u>me</u>.
세상은 나에게 많은 기회를 준다   ②   ①

위의 두 문장의 의미는 같지만 **뉘앙스 차이가 존재**한다. '<u>나에게</u>'를 강조하고
싶을 때는 '<u>to me</u>'라고 말을 한다. 간혹 강조를 위해 '영어의 살'로 빼는
경우가 있다. 예를 들어 'Jehoon and I watched the movie'를 I watched
the movie with Jehoon'으로 표현하면 'with Jaehoon'을 강조하고 싶은
표현이 된다.

following verb들 간의 순서를 한 번쯤 생각해 봐야 한다. 받는 대상(주로

사람이지만 사물일 수도 있음)이 먼저 오고 그다음 전달물이 오는 순서로 문장이 구성된다.

그 기회들(opportunities)은 내(me)가 받아 나에게 속해 있으니, 나(me)를 먼저 쓰는 것이다.

예를 하나 보자. 'Give me him' 무슨 의미일까?

그렇다. '나에게 그를 줘라(보내라)'라는 의미이다. 이제 순서는 이해되었을 것이다. 물론 'Give him to me'라고 말하는 것이 더 명확하다. 이런 경우 preposition은 to뿐만 아니라 의미를 완성하기 위해 다양한 것들을 쓸 수 있다.

My mother made <u>us</u> <u>a meal</u> yesterday.
→ →

My mother made <u>a meal</u> *for us yesterday*.
우리 엄마는 어제 우리에게 음식을 만들어 주었다

My friend has bought <u>my car</u> <u>new tires</u>.
→ →

My friend has bought <u>new tires</u> *for my car*.
친구가 내 차에 새 타이어를 사주었다

My girlfriend always asks <u>me</u> <u>many presents</u>.
→ →

My girlfriend always asks <u>many presents</u> *of me*.

내 여자친구는 항상 나에게 많은 선물을 요구한다는 의미이다. 선물이나(me)를 배경으로 나오기 때문에 'of'를 썼다(**전치사 부분을 보고 오면 명확히 이해할 수 있다**).

기본 단어들이 아닌 뒤늦게 영어로 유입된 단어들은 following verb가 두 개가 필요한 느낌이라도 하나밖에 못 쓴다.
describe, donate, explain, include, exclude 등과 같은 단어들이다.

> **Please explain this to me.** *나한테 이것 좀 설명 해줄래*
> ~~**Please explain me this.**~~

참고로, 이렇게 영어 단어(특히, 동사)들을 **두 가지 유형으로 분리해서 바라보는 관점**을 가지면 영어를 이해하는 데 큰 도움이 된다.

전부터 사용되던 **순영어 단어(동사)** *의미의 합성보다는 주로 단일형 단어* **give, take, have, make, love,** **look** 등	프랑스어, 라틴어 등으로부터 **유입된 단어(동사)** *한자어와 같이 의미조합으로 형성된 단어* **Promote**; pro(앞에)+**mote** (**move**움직여 놓음) *앞에 가져다 놓으니 승진, 홍보 등의 의미*

- 부족한 어휘량 (많은 숙어 탄생, look for 등)
- 단어의 의미범위가 넓음
  give('주는 것'에 모두 사용)
- 동사형, 명사형이 비교적 불명확(불규칙동사)
  예를 들어 Love는 동사이자 명사도 됨
- **문장구조가 복잡** (그래서 더 중요)
  (복잡한 following verb들 따라옴)
	- 단어를 만들기가 용이해서 풍성한 어휘량
	- 어려워 보이지만, 오히려 뜻이 단순하고 명확
	  Provide(제공), donate(무료제공)
	- 동사형, 명사형이 비교적 명확 (과거형도 규칙)
	  promote(동사), promotion(명사)
	- 문장구조는 단순
	  (following verb가 주로 1개 따라옴)

문장구조를 복잡하게 만드는 것들은 '순영어' 단어들이 대부분이다.

우선, 아래의 문장들을 소리 내어 반복하며 읽어서 **2개의 following verb(주로 명사들)이 따라오는 문장구조의 감을 완전히 익혀야 한다.** 동사 뒤에 두 개의 구문(단어)들이 붙는다는 것이 자연스러운 호흡처럼 느껴지게 말이다.

Give me your hands.
(I'll) Get you something.*
Show her your mind.
Ask me a favor.
Lend him 10,000 dollars.
Don't make me a noise.*
Buy your mother shoes.
Sell me the book.
Teach her English.
Tell me your story.
Bring her a new one.
Offer Jake a job.

Leave me some food. *
(I) owe you many things.
Build the children their home.
Read your son the story book.
Write your boyfriend a letter.
Promise me that.
Don't refuse me that.
Sing me a song.
Play them your music.
Pass me the ball.
Wish me a merry Christmas.
*표시의 동사들은 다른 형태로도 사용

→ Offer **Jake who used to work with me** a job **you can give.**

(정확한 의미는 뒤에서 다시 다룬다)

이 부분을 미리 익숙하게 만들어 놓으면 위와 같이 문장에 살을 붙이며 복잡한 형태로 표현해도 여전히 그 (숨어 있는) 문장구조가 보이게 된다. 그러니 반드시 연습을 통해 익숙하게 만들어 두자.

BE를 따라오는 following verb

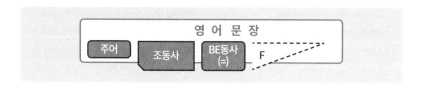

동사의 형태는 3가지 종류로 구분하였지만, 결국 동사의 뜻이 있냐(일반동사), 없냐(be동사)라는 의미로서는 2가지였다. 여기서는 별 뜻은 없지만 문장 구성에 아주 중요한 BE동사를 자세히 살펴보자.

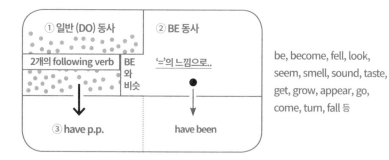

be, become, fell, look, seem, smell, sound, taste, get, grow, appear, go, come, turn, fall 등

위의 그림에서 보는 바와 같이 BE동사의 활용빈도는 정말 높다(문장의 절반은 BE동사로 쓴다고 볼 수 있다). 그런데 BE동사와 비슷하게 활용되는 일반동사들도 일부가 있다. 함께 적응해 보자.

▶ '주어가 (=) following verb와 같은 대상'인 BE동사 그룹

BE동사와 일반동사들과의 가장 큰 차이점은 아래와 같다. 우선,
일반동사의 following verb들은 '주어'와 **대상이 일치되는 경우가 없다.** (주어가)
동사를 수행하고 (following verb가) 받으니 말이다.

<u>주어</u> + verb + following verb에서 　　　<u>Mark</u> <u>studies</u> <u>English</u>.
　　　　　　　　　　　　　　　　　　　　　　　　　　　following verb

<u>주어</u> ≠ following verb 　　　　　　마크　　≠　　영어

'마크'는 '영어'가 아니다 하지만 BE동사 문장에서 following verb는 주어를
직접 지칭한다. **즉 같은 대상(=)이라는 느낌을 가지면 된다.**

<u>주어</u> + BE + <u>following verb</u>　　　<u>주어</u> + BE + <u>following verb</u>

설명　　　　(을 하거나)　　　　동일한 대상을 지칭

You are a Korean.　　　*당신은 한국사람이다 (당신 = 한국사람)*

그리고 BE동사와 비슷한 역할을 하는 동사들이 몇 개 더 있다.

He <u>looks</u> a Korean.　　　*그가 한국사람으로 보인다 (그 = 한국사람)*
Jake <u>became</u> a Korean.　*제이크는 한국사람이 되었다 (제이크 = 한국사람)*
She <u>sounds</u> a Korean.　　*그녀는 한국사람으로 들려(여겨진다) (그녀 = 한국사람)*

<u>주어</u> + BE동사 + <u>following verb</u>

BE동사(와 같은 동사)들을 접했을 때 following verb가 주어의 모습을 다시

보여주고 있다는 **감각**을 키워야 한다(그래서 동작보다는 상태를 나타낼 때가 많다).

그래서 이런 BE동사와 같은 동사들은 **뒤에** 형용사를 직접 쓸 수 있다. 가장 큰 차이점이다.

형용사라는 것은 어떤 대상(명사)을 직접 설명하는 것이다.

BE동사 뒤에서 (주로 명사인) 주어를 설명하는 것이니, BE동사 뒤에서 형용사를 쓸 수 있다.

주어 + BE동사 + <u>following verb</u>   주어 + BE동사 + 형용사

설명   설명

'come'이나 'go'와 같은 동사들도 following verb가 따라올 때는 이런 BE동사와 같은 부류가 된다. 그래서 following verb가 나타날 때는 우리에게 약간 특별하게 느껴진다. BE동사와 같이 주어와 following verb의 대상이 같음(=)을 의미한다

If you watch a lot of horror movies, you will go <u>insane</u>.
(you = insane)
너 그렇게 호러 영화를 많이 보면, 네가 미쳐버릴 거야

우리는 그동안 이런 동사들을 주로 following verb가 없이 썼다. (아래와 같이)

He came to the school. *그는 학교에 나타났다*
← *(다시 말하지만, 'to the school'은 following verb가 아니다)*

그래서 아래와 같은 표현이 익숙지 않다.

She has come the teacher to her boyfriend.
(She = the teacher)
*그녀는 남자친구한테 **선생님으로** 나타나왔잖아 (선생님처럼 굴었잖아)*

'look'도 마찬가지인데, 'come'과는 다르게 following verb를 많이 붙여
쓴다. following verb가 없으면 '보다'의 의미이다. 하지만 following verb를
붙이면 BE동사의 특성을 가지게 된다.

look + 'following verb'

주어가 보는 의미

I am now looking (at you). *나 지금 (널) 보고 있잖아*

following verb를 붙이면 주어가 '~로 보이다'라는 어감을 갖게 된다.
영향력을 주는 것이 아니라(→(X)), **주어와 following verb를 같은(=) 대상**으로
생각하면 된다.

look + 'following verb'

주어가 'following verb'로
보여지는 의미

You look Phil. *너 필로 보이는데 (너 필이지)*
=

그래서 형용사인 happy 등도 following verb로 쓸 수 있다.

You look happy.　　*좋아 보이는데*
　　　＝

He looks tired today.　　*오늘 피곤해 보이네*
　　　＝

▶ **following verb로 쓰이는 ~ing와 p.p.**

ing와 p.p.는 일반적인 형용사와 똑같이 쓴다. 명사 바로 앞에서 쓸 수 있지만,

interesting English *(흥미로운 영어)*

interested students *(흥미로워진 학생들)*

형용사와 똑같이 다루어 BE동사 뒤에도 자유롭게 쓸 수 있다.

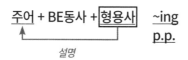

> 참고로, 동사를 ~ing(studying)로 바꾸면 형용사(연구하는)도 되지만 명사(연구하기)도 된다. 그래서 아래와 같이 똑같은 모양이지만 다른 의미로 사용될 수 있다.
>
> <u>**studying**</u> **people** *(연구하는 사람들)*　　<u>**studying**</u> **people** *(사람들을 <u>연구하기</u>)*
>
> 이러한 구분은 추후 문장구조가 익숙해지면, 어렵지 않게 분별할 수 있게 되니 지금은 크게 신경 쓰지 않아도 된다.

이 개념을 토대로 앞서 간단히 언급했던, ~ing와 p.p.를 동사와 관련시켜 설명하면 아래와 같다.

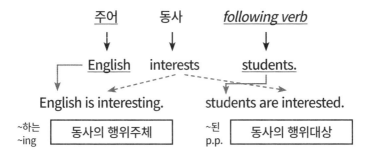

주어   동사   *following verb*

English   interests   students.

English is interesting.   students are interested.

~하는 | 동사의 행위주체 | ~된 | 동사의 행위대상 |
~ing   p.p.

단지 ~ing와 p.p.는 일반적인 형용사와는 달리 <u>**방향성(하느냐, 당하느냐)이 있고**</u>, 아래와 같이
두 가지의 의미(①과 ②)로 나눠진다.

~ing   ① 동사의 행위 주체   **p.p.**   ① 동사의 행위 대상

       English is interesting.   **Students are interested.**

       ② 현재 진행형(혹은 미래)   ② (완전히) 끝난 일

       I am running.   **I am done.**

문맥에 따라 구분할 수 있으면 된다.

▶ **be + p.p.를 명확히 이해하기**

p.p.의 '끝났다'의 의미는 '**~가 된**', '**~당한**' 등의 **의미로 확대**된다. 이해를 돕기
위해 상황 설정을 해보자. 아래의 그림과 같이 앤드류가 패트릭에게
말하고 있으면 앤드류는 '**tell**' 혹은 '**telling**'하고 있는 것이고, 패트릭은
'**told**'당하고 있는 것이다.

Andrew   Patrick

동사인 'tell'은 '말하다', '~ing'인 'telling'은 '말하는' 혹은 '말하기'이다.

하지만 p.p.인 'told'는 완전히 다른 뜻이 된다. (동사의 방향성이 반대로 바뀌는 것)

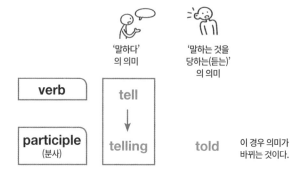

'말하다' 의 의미

'말하는 것을 당하는(듣는)' 의 의미

verb	tell		
participle (분사)	telling	told	이 경우 의미가 바뀌는 것이다.

* '분사(participle)'란 동사를 형용사의 형태로 바꾼 것을 말한다(몰라도 상관없다).

p.p.인 'told'는 동사가 아니기 때문에 문장에 쓰이려면 BE동사 등과 같이 쓴다.

Patrick이 told 되는 것이니, Patrick is told.라고 표현한다.

be + p.p.

현재형 ⟹ is(am, are) + p.p.

Patrick is told something.

위 문장을 사실상 한국어로 정확히 표현하는 것은 어색하다. 영어 식으로 그대로 표현한다면 누가 패트릭에게 말하는 것을 패트릭이 당한다(듣는다)는 것이다.

과거형이라면,

Patrick was told something.

패트릭은 뭔가 계속 들어오고 있다면, (아니면 들은 상태라면)

have + be + p.p. ⟹ have been + p.p.

Patrick has been told something.

패트릭은 뭔가 (지금) 듣고 있는 중이라면,

be + ~ing + be + p.p. ⟹ is(am, are) being + p.p.

Patrick is being told something.

Patrick was being told something.

패트릭은 뭔가 (그때) 듣고 있는 중이었고,
패트릭은 (앞으로) 뭔가 들을 것이라면,

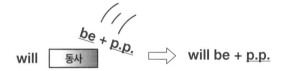

will + 동사 + be + p.p. ⟹ will be + p.p.

Patrick will be told something.

Patrick is going to be told something.

패트릭은 뭔가 들을 예정이라는 의미이다.

다른 p.p.(called, 불리는 것) 등을 넣어 소리 내어 읽어보자. (의문문이나
부정문도 만들어 보면 좋다)

'네가 불려진다'의 의미		'이것이 씌어졌다'의 의미
You are called.	Are you called?	It is written.(의문문과 부정문도 연습하자)
You were called.	Were you called?	It was written.
You have been called.	Have you been called?	It has been written.
You are being called.	Are you being called?	It is being written.

우리말 개념과는 다르기 때문에 처음에는 당연히 어색할 수 있다. 'I was given'이라는 문장은 'be + p.p.'의 개념이 익숙하지 않은 사람들에게는 받아들이기 힘든 문장이 될 수 있다.

분명 'give'는 주는 개념인데,

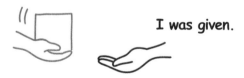

'I was given'은 그 반대인 '받았다'는 개념으로 방향성이 바뀌기 때문이다. 일반동사 문장과 비교하면, 아래와 같이 following verb를 주어로 바꾼 문장이라고 볼 수 있다.

하지만,
문장 ①과 문장 ②가 나타내는 상황의 모습은 똑같다 할지라도, 두 문장은 완전히 다른 문장으로 인식해야 한다.

Zach gave me the last chance

① 주어 + 동사 + following verb

② 새로운 주어 + be p.p.

I was given the last chance

문장 ①은 자크(Zach)가 마지막 기회를 **준 사실이 중요한 것**이고, 문장 ②는 내가 **받은 사실이 중요한 것**이다.

이러한 'be + p.p.' 문장을 누군가 빨리 발음한다면 쉽게 알아듣지 못할 수도 있다.

특히, 동사의 과거형과 p.p.가 모양이 똑같을 때이다. 예를 들어, 아래와 같은 두 문장이다.

I called Jim. → *나는 짐을 불렀다* (일반 동사 문장)

I'm called Jim → *나는 짐이라 불린다* (BE동사 문장)

(be동사인 'am'이 있으니 당연히 'called'는 동사가 될 수 없다)

이를 극복하는 방법은 문장을 보자마자 **바로 동사의 종류를 구분**하는 것이다. 앞서 언급한 **동사의 3종류(do, be, have p.p.)를** 인식하는 연습이 충분히 이루어졌다면, 문제가 없을 것이다.

앞서 강조했듯이, **동사가 나오면** 뒤에 **무엇이 따라오는지**(following verb)

감각적으로 **인지**해야 한다. 물론 be + p.p.를 쓰지 않고 뭔가를 받았을 때는 '받았다'는 의미로 'receive'나 'get' 등의 단어를 사용하며 굳이 be + p.p.를 쓰지 않는다. 하지만 경우에 따라 '누가 줬기 때문에 받았다'는 느낌을 강조하고 싶을 때는 'I was given'이 가장 적절한 표현이기 때문에 익숙해질 필요가 있다. 그렇다면, 영어문장에서 'be + p.p.'의 형태는 얼마나 쓰일까?

보통 대화에서는 활발히 쓰이진 않을 수 있다. 하지만 사건이나 결과 중심으로 나열하는 신문기사나 (연구)보고서 등은 경우에 따라 절반 이상을 'be + p.p.'문장으로 쓰기도 한다.

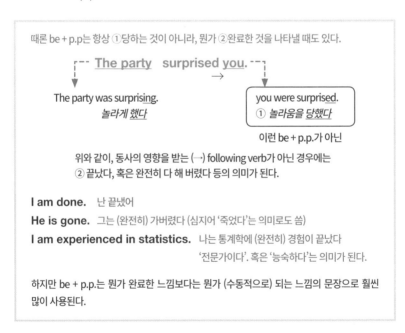

때론 be + p.p는 항상 ①당하는 것이 아니라, 뭔가 ②완료한 것을 나타낼 때도 있다.

The party   surprised you.
→

The party was surprising.
놀라게 했다

you were surprised.
① *놀라움을 당했다*

이런 be + p.p.가 아닌

위와 같이, 동사의 영향을 받는 (→) following verb가 아닌 경우에는 ② 끝났다, 혹은 완전히 다 해 버렸다 등의 의미가 된다.

I am done.   난 끝냈어
He is gone.   그는 (완전히) 가버렸다 (심지어 '죽었다'는 의미로도 씀)
I am experienced in statistics.   나는 통계학에 (완전히) 경험이 끝났다
'전문가이다'. 혹은 '능숙하다'는 의미가 된다.

하지만 be + p.p.는 뭔가 완료한 느낌보다는 뭔가 (수동적으로) 되는 느낌의 문장으로 훨씬 많이 사용된다.

다양한 형태로 연습하면 좋다.

Your message has been sent.

당신의 메시지는 보내졌습니다

General! We are being attacked.

장군! 지금 공격받고 있습니다

I was being interviewed when you called me.

네가 전화했을 때 나 인터뷰 받는 중이었다

My car will be sold soon.

내 차는 곧 팔릴 거야

Are you going to be hired by the company?

그 회사에 채용될 예정이니?

I have been selected to be hired overseas.

해외 취업되기에 선택되었어

참고로 '채용될 (to be hired)'이라는 표현에도 p.p. 가 사용되었다.

I have been tired because of my work.

일 때문에 나는 피곤해 왔다

쭉 피곤해 왔음을 이야기하고 싶은 표현이다.
결국, 동사의 following verb와 친숙해져야 be p.p. 문장도 명확히 쓸 수 있다.

I was told.　　　I was said.

위 두 문장의 차이가 바로 인식되는가?
'tell'이라는 동사 뒤에 따라오는 말(following verb)은 '이야기를 듣는 사람'이다. 그래서

I was told. *난 (누군가에게) 말을 들었다* 가 되고,

'say' 뒤에는 '이야기가 된 사람'이 따라오기 때문에,

I was said. *나라고 이야기되었어* 라는 의미가 된다.

즉 어떤 following verb가 따라오는지 모르면 be p.p. 문장도 자유롭게 쓸 수 없다.

▶ **외부 자극으로 인한 감정상태를 나타내는 be + p.p.**

'**내가 지루하다**'는 개념을 생각해 보자. 스스로 지루해질 수는 없다. 나를 지루하게 만드는 뭔가가 나를 그렇게 만들었기 때문이다.

예를 들어 📝👤 지루한 강의 때문에 👤 내가 **지루해진 것**이다. 다르게 표현하면 <u>내가 지루함을 당한 것</u>이라고 표현할 수 있다. 즉 **영어식 표현에서는 '지루하다, 만족하다' 등의 표현은 아예 존재하지 않는다.** 이런 표현은 모두 '되는' 혹은 '당하는' 것이다.
그래서 영어권 사람들은 이런 상황을 아래와 같이 표현한다.

I am bored. *난 지루해졌어(지루해짐을 당했어)* → '지루하다'라는 말은 잊자

그렇기 때문에 'bore'라는 동사는 우리말로 '지루하다'가 아니라, '지루하게 하다' 혹은 '지루하게 만들다'의 의미이다. 따라서 지루한 강의는 'boring class (지루한 수업)'인 것이고 이로 인해 'bored students (지루해진 학생들)'이 생긴 것이다. 이런 논리로 생각하면 아래의 표현들을 자연스 럽게 받아들일 수 있다.

**Wow that's interesting. You may be also interested in that
or would be even excited.**

와우! 이거 흥미로운데, 너도 아마 흥미롭거나(흥미를 느끼는 것) 혹은 흥분될 수도 있어

**Have you watched "Amazing Spiderman"? Actually, I
wasn't really amazed.**

영화 '어메이징 스파이더맨' 봤니? 사실 난 별로 재미 없었어

스파이더맨이 다른 이들을 놀랍게 만들기 때문에 'Amazing Spiderman'
이라고 표현한 것이다.

**Are you satisfied with the class? The teacher always satisfies
his students.**

그 수업 만족스럽니? 그 선생님은 항상 학생들을 만족시켜

**Yes, I agreed. No one has been underline{disappointed} in (at, about,
with) his class. There is no underline{disappointing} point.**

그래, 동의해. 아무도 그 수업에 실망되지 않아. 실망할 부분이 없어

'disappointing point'는 실망을 주는 점(point)이라는 뜻이다.

참고로, 모두가 아니라는 표현을 할 때는 동사에 'not'을 쓰기보다는 단어 앞에 직접 'no'를
붙여 'No one'으로 표현한다. (그리고 이건 단수 취급한다)

'~~Everyone doesn't hate you~~'보다는 'No one hates you. (너를 아무도 안 싫어해) '라고
쓴다.

I met no one yesterday. *어제 아무도 못 만났어*

'no one'대신 'none'이라는 표현을 이용하여 **대상을 한정**하기도 한다.

'None of us are disappointed *우리들 중 아무도 실망하지 않는다*

He felt encouraged by her letter, but she didn't write the letter to encourage him.

그는 그녀의 편지로부터 자극을 받았다. 하지만 그녀는 격려하기 위해 편지를 쓴 것이 아니다

p.p.인 'encouraged' 앞에 BE동사가 아닌 다른 동사(feel)에 쓴 예시이다. 'be' 대신, 'get', 'feel' 등 다른 verb 등도 쓰일 수 있다는 것을 알고 있어야 한다.

이러한 감정이나 느낌을 나타내는 동사들 역시 진행형으로 잘 표현되지 않는다. 'want', 'love', 'understand'와 같이 상태(status)를 나타내기 때문이다.

I am ~~being~~ tired. *(쓰는 사람이 있긴 하지만, 문법적으로는 틀린 것이다.)*

▶ **결혼, 출생 등도 be + p.p.**

출생이나 결혼 등도 p.p.가 사용된다. 결혼도 **된 것**이고, 출생도 **된 것**이기 때문이다.

The song named "I was born to love you" is great. Queen bore the song.

"난 널 사랑하려고 태어났다"라는 노래는 정말 좋다. 퀸이 이 노래를 만들었다(태어나게 했다)

'bear'의 의미는 '출산하다', '만들어 내다'라는 것이고 'bore'는 이 'bear'의 과거형이다.

(엄마로 인하여) 내가 태어남을 당했기 때문에 'I was born'이라고 표현 한다.

I proposed her saying "Will you marry me?" So I am (got) married to (~~with~~) her.

'나 결혼하게 해줄래?'라고 말하면서 프로포즈해서, 그녀에게 결혼되게 되었다

'Will you marry me?'는 '나랑 결혼해줘'보다는 '나를 결혼시킬래?'라는 의미이다. 그래서 직접적으로 청혼을 할 때도 쓰이지만, "아빠 나 결혼 시켜줄 거에요?"라고 말할 때도 똑같이 'Dad, Will you marry me?'라고 쓸 수 있다.

I will marry my daughter (off) to him. *내 딸을 그에게 결혼시킬 것이다*

그래서 결혼한 상태라면 'be married'가 되는 것이고, 누구한테(로부터) 결혼이 된 것이기 때문에 뒤에 'with'이 아니라 'to'를 쓴다.

I am married to Jean

나는 (Jean에게) 결혼된 상태라는 의미이다.

우리가 흔히 헷갈리는 'with'은 아래와 같은 의미로 쓸 수 있다.

I am married with my children

'애들을 데리고 결혼했다'라기 보다는, 아이들과 함께 결혼된 상태(애들이 있는 유부남)라는 의미이다.

▶ **be와 get의 차이**

'나 10년 전에 결혼(식을) 했어'라고 표현하고 싶다면?
'I was married ten years ago'가 아니다. 이 문장은 '난 10년 전에는

결혼한 상태였어'라는 의미이다. 즉, 상태가 아니라 사건(결혼식 했어)를 언급하고 싶다면 'be+p.p.'가 어울리지 않는다. 이럴 경우 'be' 대신 'get'을 써서 **'get+p.p.(혹은 다른 형용사)'를 쓰면 된다.** 이 'be'와 'get' 간에는 명확한 어감차이가 존재한다. 이를 이해해야 한다.

BE동사를 위와 같이 이미지로 표현한다면, 'get'은 아래의 그림으로 표현할 수 있다.

<u>BE</u>동사는 일상 혹은 이어지는 상태를 이야기 하는 것이라면 'get'은 (손을 댄) <u>그 순간</u>을 이야기하는 것이다. get은 일반동사처럼도 쓰일 수 있고, BE동사 그룹('='의 의미가 들어간)에 속하기도 한다. 그래서 일반동사처럼 <u>쓰이면 **그 순간의 상황**</u>을 표현할 때가 많고,

I got a new computer. *나 새 컴퓨터 생겼어 (I ≠ a new computer)*

만약 BE동사의 느낌으로 쓰이면 주어의 **상태가 변한 순간**을 표현을 하는 말이 된다.

I got married ten years ago. *10년 전에 Jean이랑 결혼했어 (I = married)*

위와 같이 표현하면, 지금 결혼 여부와 관계없이 결혼한 때 <u>그 **순간** (event)을 표현</u>하며 그때 주어의 상태가 변했음을 나타낸다.
그래서 '나 결혼해'라는 표현은 (chapter2에서 얘기했듯이) 미래의 모습을 직접 보여주는 'be~ing'를 써서 아래와 같은 표현을 가장 일반적으로 쓴다.

I am getting married next year. *나 내년에 결혼해*

BE동사대신 get을 쓰면 이렇게 '그 **순간**'이나 '**변화**'를 얘기한다.

I (have) got stressful when you said that.

네가 그 말했을 때 스트레스 받았어 (그 순간)

혹은, 네가 그 말을 했을 때부터 스트레스를 받기 시작했어 (상태의 변화)

I got stolen when I visited there.

그곳에 방문했을 때 (그 때) 도둑 맞았어

참고로 ①일반동사의 형태와 ②'be+p.p.'의 의미가 비슷한 경우가 있다.
'drive'라는 단어는 p.p. 를 쓰는 상황이 명확하다. 'driving person'과 'driven car'처럼
확실히 분리된다. 그러나 'move'라는 단어는 좀 애매하다. 'moving car'와 'moved car' 중
무엇이 맞을까? 영어에서도 **방향성이 애매한 경우라면 둘 다 무방**하다.

The car moves = The car is moved
'차가 움직인다'라고 해도 되지만 '움직여진다'라고 표현해도 의미가 크게 다르지 않다.
I am worried about you. =I worry about you.
우리말로도 '걱정한다'나 '걱정이 된다'가 큰 차이가 없는 것과 마찬가지로 생각하면 된다.

It is focused on economic policy.
= It focuses on economic policy. *경제 정책에 초점이 맞춰져 있다*

▶ **be + p.p. 뒤에 왜 이렇게 다양한 preposition(전치사)들이 오는 거야?**

be+p.p. 문장은 '행위의 주체'가 중요하지 않기 때문에 <u>주로 생략한다</u>.

My fault was forgiven (by the teacher).

내 실수는 (그 선생님으로부터) 용서받았다

굳이 행위의 주체를 나타내고 싶으면 위와 같이 전치사 by를 쓴다.
그러나, p.p. 뒤에 뭔가 따라와 의미를 완성하려면 상황에 맞는
preposition을 써야 한다.

My overseas life satisfies me

나의 해외 생활은 나를 만족시킨다

I am satisfied with **my overseas life.**

나는 나의 해외 생활에 만족된 상태다

'만족이 되었다'면 '무엇'에 만족되었는지 나타내주는 것이 자연스럽다.
관심이 생긴다면(interested) 대상의 존재를 표현하기 위해 'in'을 쓴다.

You interested me in English

너는 나를 영어에 관심 있게 만들었다

I was interested in **English (**by you**).**

나는 너에 의해서 영어에 관심 있게 되었다

위와 같이 'by'를 제외한 전치사들(in, with 등)은 주도성이 떨어져
행위의 주체 (주어)가 아닐 수도 있다. preposition을 설명한 chapter 9를 보면
자연스럽게 이해가 된다.

My passion made my achievement.

내 열정은 내 성과를 만들었다

My achievement was made of **my passion.**

내 성과는 나의 열정으로 만들어졌다

The news didn't surprise me

그 뉴스는 나를 놀랍게 하지 않았다

I wasn't surprised at **the news**

그 뉴스에 놀라워하지 않았다

▶ **BE (혹은 BE와 같은) + 형용사 + 전치사**

BE동사 뒤에는 p.p.뿐만 아니라 일반적인 형용사와 전치사도 많이 쓰니 익숙해져야 한다.

> **She is very <u>similar to</u> my mom.**
>
> *개는 엄마랑 많이 비슷해*
>
> **I am not <u>familiar with</u> your joking.**
>
> *나는 네가 농담하는 거에 익숙지 않아*
>
> **You are <u>responsible for</u> your children.**
>
> *너는 아이들에 대한 책임이 있어*
>
> **Bill was <u>wrong with</u> his decision.**
>
> *빌은 그의 결정에 잘못이 있어*

때로는 형용사 뒤에 전치사가 붙으면서 의미가 바뀌는 것처럼 보이는 표현 들도 있다.
(사실 바뀌는 것이 아니라 의미가 확대되는 것이다)

> **She is <u>good at</u> dancing.**
>
> *그녀는 춤을 잘 춘다*
>
> **My farther used to be <u>good at</u> Marathon.**
>
> *우리 아빠는 마라톤을 잘 했었다*
>
> **He's <u>crazy about</u> dancing. I'm <u>sick of</u> seeing that.**
>
> *그는 춤추기에 미쳐있다(좋아한다) 나는 그것을 보는 것에 싫증이 났다*

우리말로도 '너무 좋아하다'를 '미쳤다'로 표현하며 의미를 확대해서 쓰는 것과 비슷한 예시라고 보면 된다.

▶ **There is (are)와 It is**

우리는 보통 'It is~'의 문장에서 'It'이 무엇을 지칭하는지 찾으려고 한다. 앞의 문장에서 나온 것일 수도 있고, 문맥이나 대화하는 사람끼리 무엇인지 정확히 인지하고 있을 수 있다.

> **A: Who called me yesterday?**　*어제 누가 나를 불렀지(전화했지)?*
> **B: It was Jimmy.**　　　　　　　*그거 지미였어*

하지만, 'It is~'는 별 의미가 없는 막연한 주어를 나타내거나, 특히 주어보다는 동사 뒤에 따라오는 following verb를 더 강조해서 표현할 때도 많이 쓴다. 'There is~' 표현과 함께 보자.

$$\begin{array}{c} \textbf{It} \\ \textbf{There} \end{array} + \textbf{BE} \text{ (와 같은 verb)} + \underline{\textbf{following verb}}$$
주어보다 더 중요

> **It's five O'clock.**　　　　*(지금) 5시 정각이야*
> **The time is five O'clock**　지금 시각은 5시 정각입니다 *(라디오 시보의 느낌)*

시간을 말할 때는 'five O'clock'이 주어(당연히 시간일 것이다)보다 더 중요한 말이 된다. 이럴 때 주어 동사를 막연하게 'It is~'로 표현하고, 특별한 경우가 아니라면 '지금'의 의미가 된다. 거리, 날씨 등도 이렇게 쓰인다.

> **It's my birthday.**　*(오늘) 내 생일이야*

'Today is~'라고 하지 않아도 'It~'는 '오늘'이라는 의미가 된다.

> **It's hot.**　　　*(지금) 더워*

그래서, 'It is~(혹은 It)'가 생략되는 경우도 많다.

(It is) Good morning to you.   *너에게 좋은 아침이야*

(It is) Nice to meet you.   *널 만나서 반가워*

(It) Sounds great.   *아주 훌륭해(훌륭하게 들려)*

'It is + 형용사' (There is + 명사) 형태에 주목할 필요가 있다.
영어에서는 정말로 많이 쓰는 표현인데, 우리말의 개념과 다르기 때문에 익숙해져야 한다.

어떤 '행동(to~)'이 '쉽다', '드물다' 등의 상황표현은 영어에서는 'It is'와 함께 형용사(easy, hard 등)로 표현한다. 이 역시 그 상태(형용사)가 강조되는 느낌이라 생각하면 된다.

It is easy to say something but (it is) hard to do something.
말하는 것은 쉽지만 행동하는 것은 어렵다

'To say something is easy'보다는 'It is easy~'라고 표현하며 'easy'의 메시지를 더 확실히 전달하는 것이다.

(↓▔▔▔ 표시는 설명하는 말이 뒤에 붙었다는 의미이고 뒤에서 다루게 될 것이다.)

특히 아래와 같은 문장 (**It is +형용사+ for명사 + to동사**) 형태는 <u>**많이 연습**</u>해야 한다.

'누구에게는(for +명사), 뭘 하는 것이(to +동사), 어떻다는 것(It is +형용사)이다.

It is rare for Korean (people) to speak English well.
한국사람이 영어를 잘하는 경우는 드물다

다양한 형태로 연습해 보자. 많이 쓰는 형태이니 소리 내어 읽어보자.

It's better for youths to get their dreams.

청소년들이 꿈을 갖는 게 좋아

It was frustrated for me not to be with you.

너랑 함께 못 있는 것은 좌절이었어

It would be honor for him to join the group.

그에게는 그 그룹에 끼는 것이 영광일거야

It has been long time (for me) to see you.

너를 본지가 오래되었다

'It is' 다음에는 '형용사'를 많이 쓰지만, 'There is' 다음에는 **'명사'**를 쓰며 단순히 그 **'명사의 존재'**를 나타내는 문장이 된다. 원래 'there'는 '거기'라는 의미이지만, 주어 자리에 쓰면 이 'There'는 아무런 뜻이 없다. (억지로 '주어+동사'를 만드는 것)

There is a nice place for you somewhere.

어딘가 너에게 좋은 곳이 있어

There is my favorite food in Thailand. It is called 'Pat-Thai'.

태국에 제일 좋아하는 음식이 있다 '팟타이'라고 불린다

우리말 식으로 문장을 생각하면, 아래와 같이 어색한 영어 표현이 만들어진다.

~~I have my favorite food in Thailand.~~ 혹은 ~~Thailand has my favorite food.~~

혹은 My favorite food is in Thailand도 틀린 표현은 아니지만, "내가 좋아하는 음식이 태국에 있구나"라는 뭔가 발견했다는 뉘앙스다.

아무튼, **어떤 존재를 나타낼 때는 'There is'**로 시작하는 것이 가장 자연 스럽다. 의문문도 마찬가지이다.

Is there a bus stop? *(근처에) 버스정류장이 있나요?*

한편, there is(are)의 문장의 단수와 복수처리는 조금 특이하다.

There are a lot of people. *사람들이 많네*

일반적으로 영어문장에서는 동사의 단수 복수처리는 주어와 관련이 있는데,
there is(are)~ 경우에는 주어가 없는 문장이기 때문에 아래와 같이 following verb에 따라 동사의 단수 복수 형태가 결정된다.

There is + <u>단수</u> following verb　　There is a person

There are + <u>복수</u> following verb　　There are people(persons)

'It is~'와 마찬가지로 다양한 형태들로 쓸 수 있다.

There were important messages from the teacher.
선생님으로부터 중요한 메시지들이 있었다

There must have been many kinds of heroes in Korea.
한국에 틀림없이 많은 부류의 영웅들이 존재하고 있어 왔을 것이다

There seems to be lots of controversial point about death penalty and abortion.
사형제도와 낙태와 관련해서 많은 논란의 여지가 있는 것처럼 보인다

'seems to be'는 '~가 있는 것처럼 보인다' 정도로 해석할 수 있다.

영향력이 긴 동사들 (뻔한 following verb들)

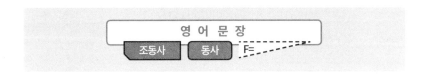

먼저 '**동사의 영향력이 길다**'라는 의미를 보자. chapter 4에서 소개된 동사들처럼 following verb들이 2개(구문)가 따라온다는 것은 비슷해 보이지만, 아래와 같이 복잡한 형태를 보인다. (chapter 4의 동사들은 2개의 flowing verb들이 단순히 모두 명사였다.)

동사 + 대상 + 다양한 형태들

동사형태   형용사

to~   명사   ~ing

전치사모양   p.p.

여기서 소개될 동사들도 주로 앞에서 언급했던 기본 단어(순영어)들이다. 즉 쉬워 보이는 기초 단어들이 오히려 문장구조가 **복잡**하다는 것이다.

하지만, 이런 복잡함도 동사의 정확한 영어식 의미를 이해하면 간단하게 받아들일 수 있다. 동사마다 따라오는 형태들이 **(논리적으로) 당연시**된다. 즉 따라올 수 있는 형태들이 뻔하다는 의미이다. 이와 관련된 논리들을 이해한 후, **무의식적인 감각이 되게끔 연습하면 된다.**

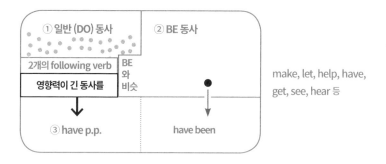

이런 동사들의 following verb들은 그 둘 간의 대상이 같음(=)을 인식하고, 둘 다 동사의 영향력 안에 들어 있는 단어들이라 생각하면 된다.

동사 + 대상(following verb1) **+ 다양한 형태들**(following verb2)

= (마치 'be동사'가 숨어 있는 것처럼)

자 이제 그 기초 단어 중 make로 시작을 해보자. 3가지 형태로 쓸 수 있다. make는 주어가 동사 뒤의 '대상'을 하게 만들고(①동사모양), 어떤 것이 되게 만들고(②명사), 어떤 상태로 되게 해주는 (③형용사 및 p.p.) 등 다양 형태들이 오는 것이다.

make + 대상 + '뻔한' 형태

동사모양   명사   형용사

make는 아주 특이한 동사이다. 사역동사라 칭하며 다른 동사들과 함께 다루어서는 안 된다. 먼저 make와 대상 뒤에 동사모양을 쓰는 이유를 먼저 이해해 보자.

I make you **go**

현실 (진짜로 가는 것)

나는 너를 가게 만들어

make와 같은 동사들은 그 대상의 동작이 '**현실로 실현**'된다는 의미이다. 그렇지 않은 경우인 want와 비교하면 이해가 쉬워진다.

I want you **to go**

현실이 아님

나는 네가 가기를 원해

want라는 동사로는 그 대상(you)을 실제로 가게 만드는 것이 아니라 방향성(to go, 가기를 원한다)만 이야기할 수 있기 때문에 'to~'를 쓴다.

①**동사모양**이 사용되는 예문을 보자.

My English will make me advance into the global world.

→ = 영어는 나를 글로벌의 세계로 뻗어가게 만들 것이다

The mechanic finally made my car move.

정비공이 마침내 내 차를 움직이게 만들었다 →   =

대상을 어떤 것으로 만든다는 의미로 ②**명사**를 쓰기도 하고,

A great teacher makes its students great people.

→   =

훌륭한 선생은 학생들을 훌륭한 사람으로 만든다

My Mom wanted to make me a professor.

우리 엄마는 나를 교수로 만들고 싶어했다

그리고 그 대상을 어떤 상태로 만든다는 의미로 ③**형용사**도 올 수 있다.

Your smile always makes **me** **happy.**

너의 미소는 항상 날 행복하게 한다

Most moody people make **others** **uncomfortable.**

감정기복이 심한 대부분 사람들은 다른 이들을 불편하게 한다

이 세 가지 형태 즉, 대상 뒤에 ①동사모양, ②명사, ③형용사가 따라온다는 것을 계속 익숙하게 만들면 된다. 이런 세 가지 형태가 따라오는 동사는 make밖에 없다.

참고로 make와 get 등은 지금 다루고 있는 동사들(→ =)의 형태뿐만 아니라 (앞에서 다룬) 2개의 following verb를 사용하는 동사(→ →)로도 쓰인다. 하지만 아래와 같이 쉽게 구별될 것이다.

As soon as my mom arrived, she made <u>us</u> <u>a meal</u>.
　　　　　　　　　　　　　　　　　　　　　　　　　→　　→

우리 엄마는 오자마자 우리에게 음식을 만들어 줬다

us ≠ a meal 우리는 음식이 아니다. 우리에게 음식을 만들어 준 것이다.

하지만,

As my mom opened windows last night, she made <u>us</u> <u>a meal</u> **for mosquitos.**
　　　　　　　　　　　　　　　　　　　　　　　　　　　　　　　　　　　　　　→　=

우리 엄마가 밤에 창문들을 열어놔서, 우리를 모기밥으로 만들었다

우리 엄마가 밤에 창문들을 열어놔서, 우리를 모기밥으로 만들었다

우리가 모기를 위한 음식으로 만들어졌다는 것이다. 이 등식(=)이 성립되냐, 되지 않느냐(≠)를 인지하면 된다.

이제 'let'을 보자. 'let'은 'make'와는 의미가 많이 다르다.

let + 대상 + '뻐한' 형태

우리말로 '~허락한다'의 뜻도 있다고 하지만, 그보다는 대상이 **뭔가 하는 것(동작)을 내버려 두는 뉘앙스**가 강하다. 하지만 그 결정권이나 **영향력은 여전히 '주어'**에 있다. (그래서 직접적으로 우리말 단어로 번역할 수 없다) 예를 들어, 내가 떠나는 여자친구를 잡지 않았다. 그럼 아래와 같이 표현할 수 있다.

I let her leave.

내가 그녀를 떠나게 허락했는가? 시켰는가? 아니다. 떠나게 내버려 둔 것이다. 하지만 못 떠나게 막을 순 있었다. 이것이 진정한 'let'의 뜻이다. 동사 뒤의 '대상'이 **직접 행동**하는 것을 내버려 두기 때문에 **동사모양**이 주로 따라온다.

Could you let me get a new car?
새 차 좀 사게 해줘(내버려 둬)

남편이 아내에게 할 수 있는 말이다. (차 값은 남편이 지불하지만, 아내의 허락이 필요한 상황이다)
그래서 '내가 뭔가 할게'라는 표현으로 'Let me +동사' 형태를 많이 쓴다.

Let me say something.   *뭔가 얘기 좀 할게*
Let me introduce myself.   *내 소개 좀 할게요*

make와는 달리, 될 수 있게 해주거나(형용사), 되게 해주는 것(명사)은 의미 상 따라올 수 없다.
형용사(p.p.포함)나 명사를 쓰고자 하면 '~이 되게'라는 동적인 의미로 **앞에 'be'를 쓴다.**

His parents have always let him be free.
그의 부모님은 항상 그를 자유롭게 해줬다

No one lets me be a chef.
아무도 내가 요리사가 되게 내버려 두지 않는다

그 외에 관용적인 표현들도 있다.

Let's go. (가자)는 Let us go.의 줄임말이다.

Let it go. 혹은 Let it be.는 'it (불특정한 그것)'의 자유의지대로 하게 내버려 두기 때문에 '놔둬'의 의미가 된다.

그리고 let은 '어떤 방향으로~'의 의미로 방향성을 가진 부사(전치사 모양 포함)도 쓸 수 있다.

Let him alone.　　*그를 혼자 있게 해줘*
Let me out.　　*날 나가게 해줘*

다음은 'have'를 보자. 'make'와 의미는 비슷하지만 좀 다르게 쓴다.

have + 대상 + '뻔한' 형태

동사모양　　*p.p*

I had my son drive my car. *나는 아들이 내 차를 운전하게 한다*

이 경우 'make'와 비슷한 의미가 된다. 하지만, 'have'는 뒤에 오는 'my car'에 초점을 맞출 때 많이 쓴다. 즉 '내 차가 운전이 되게'의 의미를 만들기 위해 **그 뒤에는 p.p.를 쓴다.**

I had my car driven (by my son) *나는 내차가 운전이 되어지게 한다*

'누가 운전을 한 것'이 중요한 것이 아니라, '차가 운전이 된 것'을 얘기하고 싶을 때 쓴다.

① **I will have my son clean the room.**
아들이 방을 청소하게 할 거야

② **I will have the room cleaned.**
방이 청소되게 할 거야

①번과 ②번을 모두 쓰지만 ②번(have + 대상 + **p.p.**)을 더 중점적으로
보자.
그 방(the room)이 청소되는 것(cleaned; p.p.)을 만들고 싶다는 표현이다.

You had me blamed. (You had people blame me.)
네가 날 욕먹게 만든 거다

My uncle has had my sister hired.
삼촌이 누나를 취직되게 했다 (직접 고용은 아닌 느낌)

One of citizens might have the criminal arrested.
시민 한 명이 범죄자를 체포되게 한듯해 (아마 신고를 한 것이다.)

I always have my hair cut at the hair salon.
나는 항상 그 미용실에서 머리를 한다

He decided to have his daughter married to a banker.
그는 딸이 어느 은행원에게 결혼되게 하기로 결정했다

get + 대상 + '뻔한' 형태

to~ ~ing p.p.

get은 포괄적인 의미를 가진다. make, let, have의 의미를 **모두 포함**할
때도 있을 뿐만 아니라, 가볍게 영향을 주기만 해도 모두 쓸 수 있다. 그래서
대상 뒤에 다양한 형태가 올 수 있다.
동사모양을 넣고 싶으면 일반적으로 'to~'를 쓰며,

I would get the son to eat vegetables.
나는 아들이 야채를 먹도록 하고 싶어

그 상황이 실제로 이루어지고 있다면 '~ing'를 쓰면 된다.

This book has got many students speaking English.
이 책은 많은 학생들이 영어를 하게 했다

p.p.나 일반적인 형용사도 쓸 수 있다.

Public transportation in Seoul doesn't get you tired.
서울의 대중교통은 널 힘들게 하지 않아

Writing in English can get us close to Western ways of thinking.
영어 글쓰기는 우리를 서양식 사고에 가깝게 가도록 만든다

help + 대상 + '뻔한' 형태
동사모양   *to~*

help는 '동사모양'과 'to~'를 모두 써도 된다고 한다. 하지만 이 역시 이 둘의 의미차이가 있을 수 있다.

My friend helped me drive.
내 친구가 날 운전하는 걸 도왔다
(통제력이 강한, 즉 직접 도와준 느낌, 혹은 진짜로 운전을 한 느낌)

My friend helped me to drive.
(통제력이 약한, 즉 간접적으로 도와준 느낌, 혹은 앞으로 할 운전)

이런 'help' 등의 표현에 '대상'을 생략하면 '동사 + 동사(모양)'의 형태가 되기도 한다.

This system helps conserve water.
이 시스템은 물을 아끼는 것을 도와준다

go', 'come'도 'see' 등과 함께 동사 2개(동사+동사)를 붙여 쓰는 경우가 종종 있다.

Go see a doctor. 의사를 보러 가라 ('병원에 가'라는 표현)

Come see me. 날 보러 와~

위와 같은 형태들은 자주 사용하다 관용적인 표현이 된 것들이다(사실은 두 문장이 합쳐진 것).

want 등 + 대상 + '뻔한' 형태
to~

어떤 행동하기(do)를 'want(원한다)'면 **'앞으로의 일'**이기 때문에 방향성의 의미가 들어간 'to~'가 가장 잘 어울린다. 의미상 이미 일어나는 일(~ing)은 어울리지 않는다.

아래와 같이 이런 want와 비슷한 느낌을 가진 단어들은 모두 뒤에 'to~'가 어울린다.

hope to (~하기를 소망한다)　　　**need to** (~하기를 필요로 한다)

expect to (~하기를 예상한다)　　**ask to** (~하기를 물어본다)

decide to (~하기를 결정한다)　　**promise to** (~하기를 약속한다)

I want to live in the city. 난 그 도시에 살기를 원해
　　　　→

I want you to live in the city. 난 네가 그 도시에 살기를 원해
　　　→　=

위의 두 문장의 차이점은 기호(→, =)를 보면 이해할 수 있을 것이다. **동사**와 'to~' 사이에 어떤 대상을 넣는 것에 익숙해져야 한다.

I hope all of my friends to be happy.

내 친구들 모두 행복하길 소망한다

위와 같이 형용사를 쓰고 싶다면 'to be 형용사(명사)'를 쓰면 된다.

I need **my son to help me.** *내 아들이 날 도와주는 것이 필요해*

Are you expecting **me to be with you?**

내가 너와 함께 하는 걸로 예상하니?

I promised **my nephew to go to the amuse park.**

조카에게 놀이동산 가기를 약속했다

The country has decided **its people to have holiday.**

나라는 국민들에게 휴일을 갖게 결정했다

I would like **you to study another language.**

나는 네가 또 다른 언어를 공부했으면 좋겠다

('like' 'love'등의 동사는 뒤에 'to study'나 'studying' 둘 다 가능하다)

stop 등 + 대상 + '뻔한' 형태
~ing

stop, finish 등은 '~ing'만이 어울린다.
뭔가 멈추는 것(stop 등)은 이미 하고 있는 일(~ing)을 멈추는 것이기 때문이다.

I have to stop my son watching TV. *아들이 TV 보는 것을 멈추게 해야 해*
　　　　　　　　　 →　　　 =

대상인 '아들이 하는 행동'을 멈추게 한다는 것이다. 즉 '~ing'는 동사 (stop)의 영향력에 들어간다. 하지만 아래와 같이 'to~'를 쓰면 의미가 달라진다.

She wants to stop it / to study. *그녀는 그걸 멈추길 원해 공부하려고*

동사의 영향력이 it에서 끝난다. 즉, 'to study'는 동사(stop)와 관련이 없다. 뒤에서 다룰 '영어의 살'이다.

참고로 'forget'이나 'remember' 등은 뒤에 'to~'이냐, '~ing'나에 따라 의미가 다르다.

I forgot to bring my phone. *전화를 가지고 오는 것을 잊어버렸다 (안 가지고 옴)*

I forgot bringing my phone. *전화를 가지고 온 것을 잊어버렸다 (가지고 옴)*

stay 등 + 대상 + '뻔한' 형태
형용사 (~ing)

keep, stay, remain, leave 등의 동사들은 그 상태를 유지하기 때문에 형용사(~ing 포함)를 쓴다.

You'd better keep the room clean. *그 방을 깨끗하게 유지해야 한다*

The country left its people dangerous.

그 나라는 국민들을 위험하게 내버려 두었다

Don't stay me single. *나를 싱글로 있게 하지 마*

Do something to keep the baby amuse.

애기가 계속 즐거울 수 있도록 뭔가 해라

pull 등 + 대상 + '뻔한' 형태
방향성의 부사(주로 전치사 모양)

get, take, pull, put, pick 등은 대상을 이동하는 느낌을 줄 수 있는 동사들이다. 이 경우 그 이동의 방향을 나타내는 부사(전치사 모양 포함)를 붙여 쓴다.

Could you pick me up tomorrow?

내일 저를 픽업해 줄래요? (혹은 선택해 주세요)

Pick up the phone *(대상이 사물이면 순서를 바꾸기도 함)전화 들어 (받아)*

한편 'take'는 ☕ 강한 취득(을 하는 순간)의 느낌으로 'get' ☕과 구별된다.

그리고 뒤에 'to 목적지'나 방향을 나타내는 말을 많이 쓴다.

Take me to the city.　　　그 도시에 데려다줘 (가게 해줘)

She takes special shoes on.　그녀는 특별한 신발을 신는다

Jay would get her out.　　제이는 그녀를 나가게 할거 같다

Pull me over.　　　날 저기 놔줘 ('차 세워 달라'는 말에 많이 씀)

call 등 + 대상 + '뻔한' 형태
필요한 명사

'call'같은 경우는 '대상을 무엇으로 부른다' 의미로 명사가 따라온다.

People always call me Boss. *사람들은 항상 나를 '보스'라고 부른다*

'elect (대중들이 선택하는 것 혹은 선출하다)'나 'appoint (뭔가로 임명하는 개념)'일 때도 'call'과 같이 쓸 수 있다. 기본 단어가 아닌 것도 일부는 점차 이렇게 쓰기 시작했다는 뜻이다.

People have elected him the president.
사람들은 그를 회장(경우에 따라 대통령)으로 선출했다

The president is going to appoint Jade one of team leaders.
회장은 제이드를 팀장 중 한 명으로 임명하기로 했다

'paint'는 어떤 대상을 어떤 색으로 칠했다는 의미로 바로 특정한 색을 쓸 수 있다.

I have to paint the wall green. *벽을 녹색으로 칠해야 해*

이제 사람이 보고(see), 듣는(hear) 등의 **감각들과 관련된 동사**들을 보자.
보거나 듣거나 느끼기 때문에 다양한 형태(동사모양, ~ing, 일반적인
형용사나 p.p.)가 가능하다.

see 등 + 대상 + '뻔한' 형태

동사모양

각종 형용사 형태(~ing, p.p. 포함)

hear, smell, taste, feel, 등이 모두 여기에 해당된다. 대부분의 형태가 다
사용되기 때문에 오히려 어렵지 않다.

I felt her happy. *그녀가 행복한 것을 느꼈다*

I heard you scolded yesterday. *어제 네가 야단맞는 거 들었다*

I saw Tom crying(cry) in the school *톰이 학교에서 울고 있는 것을 봤다*

I can feel you, guys smiling. *너희들 (안 보이는데) 웃고 있는 거 다 느껴져*

I have never seen my teacher angry with his students.
우리 선생님이 학생들한테 화가 난 것을 본 적이 없다

'listen'에 'to'가 붙어도 똑같이 쓸 수 있다. 'listen to'를 한 단어로 취급하기
때문이다.

My sister was carefully listening to him talk.
우리 누나는 그가 말하는 것을 유심히 듣고 있었다

(앞서 설명했듯이) 위의 'talk'는 동사의 모양이지만 동사는 아니다. 당연히
'him'을 3인칭 단수로 처리해서 's'를 붙여 'talks'로 쓰면 안 된다.

I was able to feel her want to go to Spain.
그녀가 스페인에 가길 원한다는 것을 느낄 수 있었다

물론 위의 문장은 아래와 같이 바꿔 쓰는 것이 쉽다. 문장을 어렵게 만들지 말자.

I was able to feel (that) she wants to go to Spain.

▶ 나머지들은 '영어의 살'

앞에서 다룬 것들에 익숙해지면, 아래와 같은 문장이 무척 쉬워진다.

I need the guy to work here. *난 저 사람이 여기서 일하는 게 필요해*
→　　　=

즉 그 사람(the guy)이 여기서 일하는 것(to work here)이 필요하다(need)는 것이다.

하지만 이번 chapter에서 설명한 것들 외에 다른 ~ing, to~, p.p.들은 동사와 직접적인 관련이 없다. 즉 동사의 following verb가 아닌 것들이다. 다음 단계(3부)에서 다룰 내용들이고 여기서는 개념만 보도록 하자.

I need the guy working here. *여기서 일하는 저 사람이 필요해*

'need'는 의미 상 대상 뒤에 'to~'만이 following verb로 따라올 수 있기 때문에 '~ing'인 'working here'는 단순히 **바로 앞 단어**(the guy)를 설명하는 말이다. **(동사와 직접 관련은 없다)**

혹은 '~ing'가 아래와 같이 바로 앞의 단어(the guy)를 설명하는 게 아닌 **문장 전체**(I need the guy), 혹은 동사(need)에 의미를 추가하는 역할을 하기도 한다. (3부에서 **이렇게 두 가지 형태**를 자세히 다룰 것이다)

⊕　　　　　　　　⊕
I need the guy, working here = Working here, I need the guy.
난 여기서 일하는데 있어서(혹은 여기서 일하기 때문에), 그 남자가 필요해

결국, 책에서 여기까지 살펴본 부분을 통해서 알아야 하는 것은 영어문장은 helping verb(조동사)와, 동사, 그리고 following verb부분의 논리적 문장구조이다.

그리고 이 부분을 **무의식으로 처리할 수 있을 정도로 익숙해져야 한다**. 그래야 영어 문장을 즉각적으로 받아들일 수 있게 된다.

그리고 뒤에서 다루게 될 (2종류만 존재하는) '영어의 살'을 붙이기만 하면 된다.

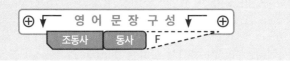

뼈대 문장을 길게 만들어 보자

영어에서는 명사가 아닌 것들을 마치 한 단어의 명사처럼 쓰는 경우가 있다.
형용사 앞에 'the'를 붙이면 (chapter 1에서 다루었듯이) 'the'가 '실물'을 표현하는 관사의
역할과 그 대상들을 '하나'로 합치는 역할을 하기 때문에 '그런 사람들(집단)'의 의미가 된다.

The rich intend ignoring **the poor.** *부자들은 가난한 이들을 무시하는 경향이 있다*

the smart (똑똑한 사람들)
the young (젊은 사람들)
the sensitive (예민한 사람들)　　　그래서 복수인 것처럼 쓴다.

보통의 형용사 대신 p.p.도 된다.

the wounded (부상당한 사람들)
the unknown (알려지지 않은 사람들, 혹은 알려지지 않은 것)

만약 사람을 나타내지 않는다면 추상적인 사물이 된다.

the good (좋은 것)
the perfect (완벽한 것)
the rational (합리적인 것)

위와 같은 것들은 사람들을 지칭하는 것이 아니기 때문에 경우에 따라 단수처리 된다.

The perfect is the enemy of the good. *완벽한 것은 좋은 것의 적이다*

아래와 같이 'the'가 없거나 생략하기도 한다. (Many, Some 등은 많이 쓰는 표현이다)

Many were asking the question last week.
많은 이들이 지난주에 그 문제를 묻고 있었다

Some are restricted to get a visa.
일부 사람들은 비자를 받는데 제한이 있다

▶ **문장을 한 덩어리로 느끼자**

문장 구조에 익숙해지면, 문장을 마치 한 덩어리처럼 다룰 수 있게 된다. 이 덩어리를 이용해 문장을 길게 늘릴 수 있다. 아래의 예문을 이용해 보자.

I have given you the chance. *너에게 그 찬스를 주었다*

확실한 (2개의 following verb가 따라오는) 영어문장이다. 그렇다면 이 앞에 'that'을 붙인다면?

that I have given you the chance.

이렇게 앞에 that을 붙이면, 문장이 아니라 **한 덩어리의 개념**이 된다. 정확히는 의미단위(**청킹**)라 부른다. 이를 마치 **한 단어처럼 인식하는 연습**이 필요하다. '너에게 찬스를 주었다는 것'이라는 의미이다. 'that'이라는 단어를 **뒤에서** 'I have given you the chance'라는 문장이 설명해 주는 것이다.

that I have given you the chance. (여러 번 소리 내어 읽어보자)

우리말과 어순이 반대인 **영어식 사고**에 반드시 익숙해져야 한다.

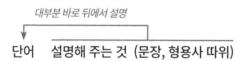

대부분 바로 뒤에서 설명

단어   설명해 주는 것 (문장, 형용사 따위)

처음에는 복잡한 것보다는 아래와 같이 단순한 문장을 이용해서 많이
연습해 보자.

that I said "yes"　　　*(내가 "예스"라고 말한 점)*

that the world is wide　　*(세상이 넓다는 것)*

that I like you　　　*(내가 너를 좋아한다는 것)*

that you broke the window yesterday.

(네가 어제 그 창문을 부쉈다는 것)

마치 **한 덩어리의 단어(의미단위)**로 인식하고 우리말 해석이 필요 없을 때까지
여러 번 소리 내어 읽어야 한다(그러면 우리말과 반대의 어순인 '영어식
사고'에 익숙해지게 된다).
그 감각이 생기면 일반적인 단어처럼 쉽게 쓸 수 있다.

That is true.　*그건 사실이야*

위에서 주어인 'that'이 무엇인지 설명해 주는 것(의미단위)를 바로 뒤에
붙이면 된다.

That I have given you the chance is true.

내가 너에게 찬스를 준 것은 사실이야

의미단위(청킹)에 대한 감각이 없다면 9개의 단어로 이루어진 복잡한
문장으로 보이지만,

That I have given you the chance is true.
① ② ③　④　⑤　⑥　　⑦　　⑧　⑨

의미단위로 묶는 것에 대한 감각이 형성되면,

That I have given you the chance is true.
　　①　　　　　　　　　② ③

마치 3개의 단어로 이루어진 문장처럼 느껴질 것이다.

> 물론 이런 감각을 연습하기에 앞서, 'give'라는 동사는 아래와 같이 following verb가 두
> 개가 따라온다는 감각이 이미 형성되어 있어야 한 덩어리로 쉽게 인지할 수 있다. (앞의
> chapter들에 대한 내용들이 충분히 연습되어야 한다)
>
> **That I have given you the chance**
> 　　　　　　　→　　→
> 그렇지 않으면, 아래와 같이 엉뚱하게 보일 수 있다.
>
> **That I have given you / the chance is true** 그 찬스가 진실이라고? (X)

주어 자리가 아닌 다른 자리도 'that~'을 한 의미단위로 쓸 수 있다.

You should remember that. *그것(that)을 기억하는 게 좋을 거다*

그것이 무엇인지 직접 뒤에서 설명하면 된다.

You should remember that I have given you the chance.
내가 너에게 기회를 준 것을 기억하는 게 좋을 거다

이런 원리를 이해하기 시작하면 이제부터 문장이 길어져도 그리 어렵지
않게 된다.

Don't forget that I said "yes". *내가 예스라고 말한 거 잊지 마!*

That the world is wide makes me encouraged.

세상이 넓다는 것은 나에게 고무적이다

I already told you that I like you.

내가 너한테 너 좋아한다고 이미 말했지

I will let your mom know that you broke the window yesterday.

엄마에게 네가 그 창문 어제 깨뜨렸다고 알게 할거야

▶ 영어문장의 구멍을 느껴라 (문장구조에서 빠진 부분)

앞의 개념을 조금 더 확장하면 영어표현 시 그동안 어려웠던 부분들이 상당히 많이 해결된다.

우리가 앞에서 계속 익숙하게 만들고자 노력했던 영어의 '**문장구조**'에 익숙해지면, 영어 문장에서 **빠진 부분(구멍)이 생기면 뭔가 어색한 느낌**을 받게 된다.

여기서부터는 그 감각을 잘 이용하면 된다.

My mom makes '---?---'. *(엄마가 만든 게 뭐야? 왜 말을 끝까지 안 해?)*

makes 뒤에 뭔가 따라와야 하는데 빠진 느낌을 이용해 아래와 같은 의미단위를 만든다.

what my mom makes *(엄마가 만드시는 것)*

I bought '---?---' at the shop yesterday. *(뭘 샀는지가 빠진 문장이네..)*

뭔가 빠졌다는 것을 인식하고 아래와 같이 만들어 내야 한다.

what I bought at the shop yesterday *(내가 어제 그 가게에서 산 것)*

그러면 이런 의미단위도 한 덩어리화(명사화) 시켜 그대로 문장에 쓸 수 있다.

I always look forward to <u>what</u> my mom makes.

난 엄마가 만드시는 게 항상 기대돼

<u>What</u> I bought at the shop yesterday was broken.

내가 어제 그 가게에서 산 게 망가졌어

재차 강조하지만, 이 부분을 공부하기에 앞서 **문장구조에 익숙해지는 것이 필수적**이다.

<u>'give'는 following verb가 2개가 따라올 수 있는 복잡한 문장구조를 만드는 동사</u>였다.

I have given you the chance.

이 문장에서 'the chance'를 언급하지 않는다면? 여기서도 **뭔가 빠진 느낌**이 생겨야 한다.

I have given you "the c❓ance".

좀 더 자세히 설명하면, 빠진 자리에 '무언가'에 해당되는 'what'을 쓸 수 있고, 이 what을 한 덩어리로 묶고 단어화(명사화)한 것이라 생각하면 된다.

I have given you <u>what</u>

What의 단어화

what I have given you   내가 너에게 준 그것 (혹은 그 무엇)'

'what'이 무언지 모르지만(그래서 what을 쓴 것), 'I have given you'로
설명하는 것이다.

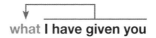

what I have given you

이 'what'도 역시 **단어(한 의미단위)처럼** 문장에 배치하여 쓰면 된다.

What I have given (to) you is expensive.

내가 너에게 준 것은 비싼 것이다

무엇을 주었는지 정확히 밝히지 않고, 'what'으로 표현한 것이다.
(I have given the chance to you.로 쓸 수도 있으니 'to'를 붙일 순 있다)
'what'을 주어가 아닌 다른 자리에도 쓸 수 있다.

Do you remember what I have given you?

내가 준 게 뭔지 아니?

그러면 아래와 같이 혼합된 문장도 조금씩 익숙해질 수 있다.

What I really want is that you like me.

내가 정말 원하는 것은 네가 나를 좋아하는 거야

▶ **문장구조에서의 구멍이 사람이라면?**

I met ---?--- last week.

'내가 지난주에 만난 누군가'이기 때문에 문장구조에서 빠진 부분이
사람임이 확실하면, what 대신 who를 쓴다.

who **I met last week**   *(내가 지난주에 만난 사람)*

그리고 문장에 넣으면 된다.

I am going to hire who **I met last week.**

지난주에 만난 사람을 고용할 예정이야

앞의 문장으로 다시 연습을 하면(give라는 동사를 썼기 때문에 다소 복잡한 것이다),

I have given y?u the chance.

I have given who the chance

Who의 단어화

who **I have given the chance**

who(m) I have given the chance (to)

(내가 기회를 준 사람)

문어체에서는 'who'대신 'whom'을 많이 쓴다. **주어(I)**가 아닌 자리에서 온 것이라는 뜻이다.

이 역시 마치 한 단어의 느낌처럼 한 의미단위(덩어리)로 쓸 수 있다.

Who **I have given the chance does his best.**

내가 기회를 준 그 사람은 최선을 다하고 있어

John was who **I have given the chance.**

존은 내가 기회를 줬던 그 사람이었다

다른 표현들도 계속 만들어 보자.

Jake is who(m) I asked to come here.

내가 여기 오라고 요청한 사람이 제이크야

Who(m) my sister loves the most is coming soon.

언니가 가장 사랑하는 사람이 곧 와

I remember who she is.

그녀가 누구 (어떤 사람)인지 기억해

그 사람의 존재(**You are…**; 뭐 하는 사람인지 등)을 안다는 의미로 위와 같이 많이 쓴다.

I know who you are 와 같이 간단한 문장으로 이런 종류의 문장의 감을 잡는 것도 좋다.

▶ **주어 자리의 구멍**

주어 자리를 'what'이나 'who'로 처리할 경우는 좀 색다르다.

?
" | " have given you the chance

주어자리에 넣는 'who'는 이미 문장 맨 앞에 있기 때문에 특별한 자리 이동은 없다.

게다가 'who'는 '나'도 아니고, '너'도 아니기 때문에 (복수가 아니라면)

일단 3인칭 단수 처리한다. 그래서 'have'가 아닌 'has'를 써야 한다.

who <u>has</u> given you the chance

미리 밝히지만 위의 구문은 '한 의미단위'이기도 하지만 **'질문인 문장'**도 된다.

who has given you the chance　*너에게 기회를 준 사람* (의미단위화)
Who has given you the chance?　*누가 너에게 기회를 주었니?*
　　　　　　　　　　　　　　　　　　(의문 문장)

의문문의 형태는 조금 뒤에 다시 다루기로 하고, 단어화(의미단위)는 아래와 같이 된다.

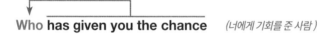

Who has given you the chance　　*(너에게 기회를 준 사람)*

I didn't know <u>who has given you the chance.</u>
누가 너에게 기회를 줬는지 몰랐어

▶ **시간이나 날짜 등으로의 확장**

I gave you the chance last Monday.
너한테 지난 월요일 날 기회를 줬잖아

참고로 위의 문장은 'last Monday' 때문에 'have given'이 아니라 'gave'를 썼다. (특정한 과거 시점을 나타냈기 때문에 have p.p.가 아니라 과거 (gave)를 쓴다)
여기서 'last Monday'를 'when'으로 대치할 수 있다.

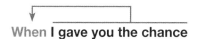

When I gave you the chance

When I gave you the chance was last Monday.

내가 너에게 그 기회를 준 때는 지난 월요일이었다

I remember when you left Korea.

네가 한국을 떠난 때를 기억하고 있다

이러한 문장형태를 의미단위(단어화)한 것들을 다시 한번 정리하면 아래와 같다.

That I have given you the chance   ← 완전한 문장

내가 너에게 기회를 준 것

What I have given you ~~the chance~~

내가 너에게 기회를 준 것

Who I have given ~~you~~ the chance   ← 무언가 빠진 문장들

내가 너에게 기회를 준 것

That I gave you the chance ~~last Monday~~

내가 너에게 기회를 준 것

나머지 'where' 나 'how' 등도 어렵지 않게 이해할 수 있다.

Where you recommended me   *(네가 추천해 준 곳)*

이 'where' 역시 일반적인 단어처럼 쓸 수 있다.

My favorite restaurant is where you recommended me.

내가 가장 좋아하는 식당은 네가 나에게 추천해준 곳이다

Where you brought me yesterday was amazing.

네가 어제 데려간 곳은 대단했다

Do you know where Kristen is?

크리스틴 어디 있는지 아니?

how she think of me   *(그녀가 나를 어떻게 생각하는지)*

I am really wondering how she thinks of me.

그녀가 나를 어떻게 생각하는지 정말 궁금해

'how'나 'what' 등은 뒤에 따라오는 문장에서 주어를 나타낼 필요가 굳이 없다면, 줄여서 'to동사'를 쓸 수 있다.

how to do   what to do
어떻게 할지   무얼 할지

I don't know how (what) to do.

어떻게 (무엇을) 해야 할지 모르겠다

He asked me how to call you.

그가 나한테 물어봤어 너에게 어떻게 연락할지

Do you know where to go right now?

지금 어디 가는지 아니?

'how'나 'what'은 바로 뒤에 다른 단어들을 직접 붙일 수도 있다.

how + much *(얼마나 많이)*   **what + country** *(어떤 나라)*

how much I need you   *(얼마나 많이 네가 필요한지)*

You cannot even imagine <u>how much</u> I need you.

내가 널 얼마나 필요로 하는지 너는 상상조차 못할 것이다

<u>what company</u> **she applied for** *(그녀가 지원한 회사)*

Do you know <u>what company</u> she applied for?

그녀가 어느 회사에 지원했는지 아니?

만약 위와 같은 문장들에서 'company'의 대상이 되는 범위가 제한적
이라면, 'what company'를 'which company'로 바꿔 쓸 수 있다.
간단히 말해, **사전에 정보**가 미리 나타났을 때에는 'what'보다는 which'를
쓴다는 것이다.

**I know she has considered several companies to apply
for. Do you know which company she applied for?**

그녀가 몇 군데 회사를 고려하는 것으로 알아. 그중 어느(which) 회사에 지원한 줄 아니?

그녀가 지원한 회사가 이미 <u>제한된 범위</u> 내에 있기 때문에 'which
company'를 쓴 것이다.

'I like that guy (나 저 남자 좋아)'라고 말했더니, 옆에 있는 친구가 'which
one? (쟤들 중 누구?)'라고 물어본 것이다. 'which guy'에서 'guy'를
반복하기 싫어서 'which one'을 썼다.

'which'의 의미를 더 보도록 하자.

Jake is coming here, which means (that) we can meet him soon.

제이크 여기 온다고 하네, 이 말인즉 슨, 곧 만난다는 뜻이지

여기서 'which'는 'Jake is coming here'를 나타내는 말이다.

I am looking for the book, which explains Peter Principle.

나는 그 책을 찾고 있어, 피터 이론을 설명하는

위의 문장들에서는 'which' 대신에 'what'을 쓸 수 없다. 앞에서 정보가 이미 나왔기 때문이다.

'which'는 우선 여기까지 설명하고 뒤에 다시 다루도록 한다.

▶ 전치사 뒤의 구멍

전치사 뒤의 단어가 의문사로 처리될 때도 많다.
You work with Tom이라는 문장에서 사람부분(Tom)에 구멍이 난다면, 아래와 같이 된다.

(You work with --?--.)

who(m) you work with '너와 함께 일하는 사람'이라는 의미단위가 만들어 진다.

I have seen who(m) you work with.

나 너랑 일하는 사람 봤어

She understands what you talked about.

그녀는 네가 한 말에 대해서 이해하고 있어

위의 예문들은 비교적 쉽지만, 영어문장 구조(동사)나 전치사의 활용이 자유롭지 않으면 어려울 수 있다.

예를 들어, 내가 앉는 '의자' 따위를 말할 때는 'what I sit'이 아니다. 'what I sit **on**'이다.

'I sit **on** the chair(나는 의자에 앉았다)'라는 문장에서 on이 빠질 수 없기 때문이다. 'sit'이라는 동사를 제대로 모르면 정확한 '의미단위'를 만들 수 없다.

That's what <u>I sit on.</u> *저긴 내가 앉는 곳이야*

That's what <u>I sit.</u>   *저것은 내가 놓은 거야 ('on'이 없으면 완전히 다른 뜻)*

조금 더 복잡한 문장을 활용해 보자.

I explained this to Layla. *나는 이것을 라일라에게 설명했어*

(I explained this to --?--) *라일라(Layla)를 빼 보자.*

who(m) I explained this to (내가 이것을 설명해준 사람, 혹은 나한테 설명을 받은 사람) 이라는 의미단위(덩어리)가 만들어진다.

'to'가 문장 뒤에 살짝 붙은 듯하지만 이 'to'의 역할이 중요하다.

Layla is who(m) I explained this to.

나에게 이것에 대한 설명을 받은 사람은 라일라야

뒤에서 설명이 되겠지만 이러한 의미단위 형태에서는 to를 who 앞으로 보낼 수 있다(그러면 whom으로 써야 한다).

Layla to whom I explained this *(나에게 이것에 대한 설명을 받은 라일라)*

이 경우 'to whom~' 부분이 명사처럼 쓰이는 것이 아니라, 앞에 있는 Layla를 설명하는 (형용사) 역할을 한다. 다음 chapter에서 자세히 다룬다.

▶ **의문문 만들기 (결국, 문장구조의 구멍을 직접 묻는 것)**

(의문사가 있는) 의문문은 문장의 구멍을 직접 묻는 것이라 생각하면 모든
의문문을 쉽게 만들 수 있다.

What I have given you ~~the chance~~　　← 내가 너에게 준 것

　　↓ 이 문장을 의문문으로 바꾸면 된다.

What have I given you?　　← 내가 너에게 준 것이 뭐니?

Who I have given ~~you~~ **the chance**　　← 내가 기회를 준 사람

Who have I given the chance (to)?　　← 내가 기회를 준 사람이 누구니?

When I gave you the chance ~~last Monday~~　← 내가 너에게 기회를 준 때

When did I give you the chance?　　← 내가 너에게 기회를 준 때가 언제니?

앞서 얘기했듯이, 주어 자리에 있는 의문사는 좀 특별하다.

Who <u>has given you the chance</u>　　　　← 너에게 기회를 준 사람

　　더 이상 의문문의 형태로 바꿀 수 없다
　　이미 helping verb가 맨 앞에 있다.
　　그래서 그대로 쓴다.

Who has given you the chance?　　← 너에게 기회를 준 사람이 누구니?

주어 자리가 궁금한 의문문 중 많이 쓰는 표현들이다.

What happened to you?　　*어떤 일이 너한테 발생했던 거야?*

What's wrong with you?　　*뭐가 잘못된 거야? 너한테*

What brings you here?　　*무엇이 널 여기에 데려왔니? (어떻게 여기 오게 되었니?)*

Who's getting married to you?　　*누가 너랑 결혼하는 거야?*

동사가 궁금할 경우, 즉 뭘 하는지 물어볼 때 동사 자리에는 막연한 행동의
동사인 'do'가 들어가면 된다.

?

I have ~~given~~ you the chance
↓
done

동사를 모르니, 당연히 동사의 following verb가 따라오기 힘들 것이다.

What have I done?   *내가 뭘 한 거지?*

굳이 '누구에게'를 붙이고 싶다면 그대로 'to~'를 붙이면 된다.

What have I done to you?   *내가 너한테 뭘 한 거지?*

What did you do when you were in Korea?

한국에 있을 때 무얼 했니?

What am I doing here?   *여기서 내가 뭘 하고 있는 걸까? (아마 혼잣말일 것이다)*

▶ 전치사 뒤를 묻는 의문문

질문이 전치사(preposition)으로 끝나는 질문도 마찬가지이다.
만약 미미가 무엇을 찾는지 궁금하다면,

Mimi looks for ~~her dream~~.

'for'를 생략할 수가 없다. 문장의 의미가 달라지기 때문이다.

What does Mini look for?

What is Jenifer talking about?   *제니퍼가 무슨 말을 하고 있는 거니?*

What do you believe in?   *무엇을 완전히 믿니? (종교 혹은 신념 등)*

Where are you from?   *어디서 오셨나요?*

Where are you ~~in~~?   *어디 있니?*

'from'과는 달리 'in'은 없어도 된다.

Chapter 10 '부사'부분에서 설명되겠지만, where는 조금 독특하다. 'Where are you going? (어디 가니?)'은 의미상 'Where are you going to?'라고 해야 할 것 같지만 그렇게 쓰지 않는다. 'where' 자체에 'to'나 'in'의 의미가 포함되어 있기 때문이다.

그래서 'where'를 쓰지 않고 다른 단어(예를 들어, which~)를 쓰면 아래와 같이 to를 써야 한다.

    Which place are you going to?   *어느 장소로 가니?*

> 참고로, preposition을 아래와 같이 쓰는 경우도 있다. 뒤에 다시 설명된다.
> **Who do you look for? = For who(m) do you look?**

▶ **기타 모든 것들을 묻는 how의 특별함 (명사를 제외한 대부분의 것)**

'You contacted her on Facebook.'을 생각해 보자.

                          ?
    You contacted her ~~on Facebook~~.

'on Facebook'을 묻기 위한 의문문으로 바꾼다면, '어떻게(how)'가 가장 적당하다.

    How did you contact her?   *어떻게 그녀에게 접촉했니?*

'how'는 쓰임새가 많은 의문사이다.

How can I be a teacher? *내가 어떻게 선생님이 될 수 있나요?*

How is your friend coming here? *친구가 여기를 어떻게 오니?*

How did he get my number? *그가 내 번호를 어떻게 알았지?*

'how' 뒤에 형용사 등이 붙으면 '얼마나'의 의미로 쓰인다. (우리말 표현일 뿐이다)

How + 형용사나 부사
(얼마나)

how often   *(얼마나 자주)*

how fast   *(얼마나 빠른 혹은 빠르게)*

how many times   *(몇 번이나)*

<u>How long time</u> have you been staying here?

얼마나 여기 머무르고 있는 거죠?

<u>How interested in the case</u> are you?

그 사건에 얼마나 관심이 있는 거죠?

'which', 'whose', 'what' 같은 것들도 다른 단어를 바로 붙일 수 있다.

?

Nathan brought William's laptop computer.

↓

whose

네이쓴이 누구의 컴퓨터를 가지고 갔는지를 질문한다면 William's 자리에 whose를 넣어야 한다.

그리고 'whose' 뒤에 따라오는 것을 붙여서 함께 이동한다.

Nathan brought William's laptop computer.

Whose laptop computer did Nathan bring?

?
Australia is the best to live as a citizen in your opinion.

↓ *주어자리이므로 의문문으로 바뀌어도 그대로*

<u>Which country</u> **is the best to live as a citizen in your opinion?**

지구상의 나라들 중에서 고르는 것이다. 하지만, 어느 나라인지 종잡을 수 없는 느낌으로 말할 때는 오히려 'What country'가 더 어울릴 수도 있다. 아래 표현도 익숙해져야 한다.

What kind of restaurant would you like to go to?

어떤 종류의 음식점에 가고 싶니?

What sort of food did you have?

어떤 종류의 음식을 먹었니?

What kind<u>s</u> of music do you like?

어떤 종류(들)의 음악 좋아하니?

위와 같이 '~s'를 붙이건 말건 큰 의미차이가 없을 때도 있다.

▶ **문장 속 의미단위에 구멍 난 경우를 묻는 의문문**

아래의 예문을 보자.

You think (that) I am 40 years old.

너는 나를 40살로 생각한다

위에 예문은 'You think that'라는 뼈대문장 안에 '**(that) I am 40 years old**'라는 '문장형식의 의미단위(청킹)'이 들어있는 형태이다.

나이를 물을 때(You think I am -----?----)도 결국 문장의 동사는 'think'이기 때문에 조동사 'do'를 꺼내고, 나이를 물으니 'how old'가 필요하다. 아래와 같은 의문문이 된다.

How old do you think I am? *너는 나를 몇 살로 생각하니?*

'You think I am so proud of you'에서 'so proud'를 'how proud'로 묻는다면 어떻게 될까?

(You think I am ---------- of you)

Do you know how proud I am of you?
얼마나 네가 자랑스러운지 아니? (아니, 모르니?)

How proud (of you) do you think I am (of you)?
('얼마나'에 초점을 맞춘 질문)

문장구조에 익숙지 않으면 무척 어려운 형태이지만 문장구조를 알면 자유롭게 표현할 수 있다. **즉 모든 (의문사가 있는) 의문문은 <u>영어의 문장구조에서 구멍 난 부분을 직접 묻는 것</u>이라 생각하면 모두 쉽게 만들 수 있다.**

---

① what, which 등을 문장 속에서 만나면...

영어공부를 하면서 모르던 것을 마침내 알게 되었어

I finally understand **what** <u>I didn't know, studyong English.</u>

② 문장구조에서의 빠진 부분을 (무의식적으로) 느끼자

I didn't know <u>빠진 부분</u>, studying English.

앞에서 학습한 문장구조들을 다시 정리하면서 문장의 구멍을 인식하는 것을 연습하자.
문장구조에 완전히 익숙해져야 어느 부분이 빠져 있는지 바로 알아차릴 수 있다.

간단한 문장	I like you.
구멍 난 문장	I like --?--
의미단위	who I like

단어로 넣으면 → I wonder who I like.

의문문으로 → Who do I like?

주어에 구멍	--?-- likes you
의미단위	who likes you

단어로 넣으면 → I wonder who likes you.

의문문으로 → Who likes you?

2개의 following verb가 따라오는

복잡한 문장	He teaches you English.
구멍 난 문장1	He teaches you --?--
의미단위1	what he teaches you

단어로 → I wonder what he teaches you.

의문문으로 → What does he teach you?

구멍 난 문장2	He teaches --?-- English
의미단위2	who he teaches English

단어로 → I wonder who he teaches English (for).

의문문으로 → Who does he teach English (for)?

BE동사문장	You are happy.
구멍 난 문장	You are --?--
의미단위	how (what) you are

단어로 → I wonder how you are.

의문문으로 → How are you?

동사의 영향력이

긴 문장	She made me fun.
구멍 난 문장1	She made --?-- fun.
의미단위1	who she made fun

단어로 → I wonder who she made fun.

의문문으로 → Who did she make fun?

구멍 난 문장2	She made me --?--
의미단위2	how she made me

단어로 → I wonder how she made me.

		의문문으로 → How did she make me?
전치사 문장	You said it to me.	
구명 난 문장	You said it to --?--	
의미단위	who you said it to	단어로 → I wonder <u>who you said it to</u>.
		의문문으로 → Who did you say it to?

3부(영어의 살)를 시작하기 전에 **문장구조의 중요성을 다시 한번 강조**하겠다. 3부(영어의 살)를 다루기 전에 '영어에서의 <u>문장구조의 의미</u>'를 이해하고 넘어가야 한다.

일단, 아래의 문장에서 (순서대로) 달려가는 사람을 따라가보자.

〈**주어와 동사**'의 문장구조〉

(주어다~ 동사를 찾자) → (이건 동사가 아니네.. 더 가자) → (아직도 동사가 안 나왔어)

<u>The easy and quick way</u> to understand English-structure, like all the other ways in this book: Boglish, **<u>must be</u>** deeply explained.

→ (아직도..) → → (동사가 여기 있군!!!)

(아직 다루지 않은 내용이니 여기서는 굳이 완벽한 해석을 시도할 필요는 없다. "이 책에서 설명하는 다른 모든 방법과 마찬가지로, 영어의 문장구조를 이해하는 쉽고 빠른 방법이 틀림없이 깊이 설명된다")

결국 '달려가는 사람'의 방향대로 문장을 따라가며 '주어 다음에 나올 동사'를 (무의식적으로) 기다려야 한다. 문장을 읽거나 듣는 중간에 <u>동사를 기다리는 생각을 놓치면</u> (문장구조를 놓치는 것) 저 문장을 제대로 이해할 수가 없게 된다.

하나의 예시를 더 보자. 또 따라가 보자.

〈'help + 대상 + 동사모양'의 문장구조〉

(help 동사다) → (**사람들**을 도와주는구나 뭘 도와주지?) → (말하는 걸 돕는구나)

Boglish can help **people** who have been struggling with English **speak** the language.

("보글리쉬는 영어에 쭉 고통받던 사람들이 영어를 말할 수 있게 도와준다")

동사 help가 나오면 'help + 대상'의 문장구조일 수도 있지만, 'help + 대상 + 동사모양'의 문장구조가 될 수도 있기 때문에 위와 같이 문장을 따라가며 **동사모양**(speak: 말하는 것)의 무언가가 나올 수 있다는 것을 무의식적으로 예상하면서 글을 읽어나가야 한다. 즉 help로 인해 만들어지는 문장구조를 모르거나, 글을 읽다가 그 생각(문장구조)을 놓쳐도 이러한 문장을 제대로 받아들일 수 없게 된다.

영어로 글을 읽거나 문장을 들을 때(특히 긴 문장), **문장구조를 의식하지 않은 상태**로 글자만을 읽고 있다면 그 문장을 이해할 수가 없게 된다. 문장이 길다 하더라도 (특히 문장이 길 때는 더더욱) 무조건 문장구조를 계속 인식 한 상태에서 글을 받아들여야 한다.

만약 글을 읽다가 중간에 **문장구조를 놓친다면, 처음부터 다시 읽는 것이 좋다.** 심지어 원어민들도 문장이 길어지면 그 문장구조를 놓치는 경우가 있다. 그래서 문장구조에 익숙한 사람들이나 원어민들은 긴 문장의 글들을 읽을 때는 '속독'을 해야 오히려 문장의 이해력이 높아진다. (천천히 읽으면 오히려 읽는 중간에 문장구조를 기억하지 못하고 잃어버리기 때문이다) 우리도 영어 문장의 구조를 모른 상태에서 단어만으로 우리식으로 문장을 재조합하는 경향이 있다. **이런 습관으로는 아무리 영어공부를 해도 소용이 없다.**

자 이제 동사로 인해 만들어지는 문장구조의 이야기는 2부로 모두 끝이 났다. 결국 영어문장이 어렵고 길게 느껴지는 이유는 '영어의 살'들 때문이다. 3부에서 자세히 살펴보자.

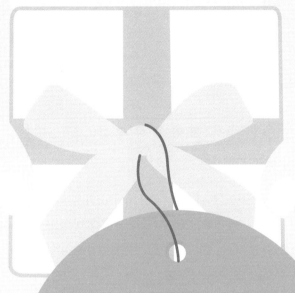

3부

뼈대문장에 (영어의)
살붙이기

문장구조로 살을 붙이고 다시 줄여보자

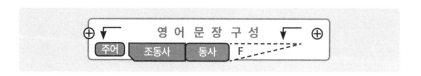

영어에서는 '동사'가 없으면 문장 구성이 안 되니 '동사'가 무척 중요하다. 그렇다면 어떤 문장이든 '동사'가 가장 중요하다고 봐야 할까? 꼭 그렇지마는 않다(그래서 동사 부분을 무의식적인 감각으로 처리해야 하는 것이다). 의미를 전달하는 데 있어서는 오히려 영어의 살이 더 중요할 때도 많다. '영어의 살'도 가벼이 봐서는 안 된다.

▶ '영어 살'의 개념

He gives up anything.

  following verb ('give up'은 하나의 동사처럼 보면 된다)

'그는 어떤 것이든 포기한다'의 의미이다. 앞에서 설명된 전형적인 문장구조를 가지고 있다.

만약 이 문장을 부정문으로 바꾸기 위해 'not'을 문장에 추가한다면?

아래와 같이 문장의 구조가 바뀌어 버린다. 'does'라는 helping verb가 필요해지고, 'gives'는 원래 동사 모양인 'give'로 바뀌어 버린다.

He <u>dose</u> not <u>give</u> up anything.

조동사　　*(gives→) 원래동사모양으로 변함*

하지만, 영어의 살은 다르다.

예를 들어 '영어의 살'에 해당되는 'never(일종의 부사)'를 추가하면,

He gives up anything.

문장구조에 아무런 변화 없이, 아래와 같이 '영어의 살'만 추가되는 형태를 띈다.

He naver gives up anything.

의미의 변화 혹은 추가는 이루어지지만 '영어의 살'이 아무리 붙는다 하더라도 **문장구조에는 전혀 영향을 주지 않는다.** 이 개념이 '영어의 살'이다.

다행스럽게도 영어의 살은 딱 **두 종류** 밖에 존재하지 않는다.

첫 번째는 단어(주로 명사)를 설명하는 '영어 살'이다. (┌───┐로 표시)

He in front of me gives up anything. *내 앞에 있는* 그는 뭐든지 포기한다

'He(그)'를 설명하는 영어의 살이 바로 **뒤에** 붙었다.

He in front of me gives up anything I want.

'I want'가 'anything'을 설명하는 말이다. '내가 원하는 것 어떤 것이든'이라 는 의미이다.

두 번째 형태는 문장 전체(정확히는 동사)에 의미를 추가하는 것이다. (⊕로 표시)
이 경우 <u>위치가 비교적 자유롭다.</u> 문장 전체(혹은 동사)에 영향을 주는 것이지 앞의 명사들과 상관이 없다. 여기서는 간략히 보고 넘어가자.

⊕
Finally, I am getting married. *마침내 나 결혼해*

⊕
He gave up smoking <u>when he got married.</u>

결혼할 때 그는 담배 끊었어

⊕
He got married <u>in the church.</u> *그는 결혼했어 <u>그 교회에서</u>*

⊕
He met me <u>yesterday.</u> *어제 걔 만났어*

동사의 종류가 3가지가 있다는 것을 인지하는 것이 중요한 것처럼 **'영어의 살'**도 이렇게 **2가지의 종류가 있다는 것을 인지**하고 이를 구분하는 감각을 만들면 쉽게 문장을 처리할 수 있게 된다. 이제 하나씩 살펴보자.

↓ ⎤ ⊕

▶ **문장형태로 이루어진 영어의 살** ↓ ⎤

앞에서 다루어진 문장형태를 하나의 **덩어리(의미단위)로 느끼는 것을** 연장해서 생각하면 된다.
앞에서 that~, who~ 등을 의미단위화(한 단어화)를 했었다. 그리고,

이를 명사처럼 사용했다. 하지만 여기서는 이것이 앞의 다른 단어를 설명한다(명사를 설명하니, 일종의 형용사이다). **거꾸로 해석하지 말고 영어식 어순 그대로 받아들이는 연습을 (읽어가며) 계속해야 한다.**

the fact **(that) I have given you the chance**

(내가 너에게 기회를 줬다는 __사실__)

the chance **(which) I have given you**

(내가 너에게 준 __그 기회__)

people **(who) I have given the chance**

(내가 그 기회를 준 __사람들__)

이를 문장에 넣으면 아래와 같다.

Remind the fact **(that) I have given you the chance.**

내가 너에게 그 기회를 준 사실을 기억해

You should get the chance, **(which) I have given (to) you.**

내가 너에게 준 기회를 잡아야 해

There are a lot of people **(to) who(m) I have given the chance.**

내가 기회를 준 많은 사람이 있다

이 경우 'what'대신 'which'를 쓴다. 앞서 말했듯이 'what'은 단어를 설명할 때는 쓸 수 없기 때문이다. 또한 'that', 'which', 'who' 등은 내용이 중복되어 생략되는 경우가 많다.

아래와 같이 'people'을 뒤에서 설명하는 말들은 다양한 형태로 쓸 수 있다.

People **who I love** love me.

People **whom I love** love me. (글로 쓸 때는 whom이라 쓴다.)

People **that I love** love me. (that으로 써도 되지만,)

People **I love** love me. (구어체에서는 이마저도 생략할 때가 많다)

또한 3인칭 단수에 '~s'를 붙이는 형태도 익숙해져야 한다.

The guy I love loves me. *내가 사랑하는 그 사람은 나를 사랑한다*

조금 더 긴 예문을 보자.

Some of my friends **who work for large companies** would like to escape from their working places.

대기업에서 일하는 몇몇 내 친구들은 직장을 벗어나고 싶어 해

위의 문장에서의 who는 주어 자리의 구멍(who work for large companies)이기 때문에 생략할 수도 없고, whom으로 바꿔 쓸 수도 없다.

A friend of mine who lives in Korea tells me that it is the best country in all around.

주어 / 동사 / ① ② following verb

결국 문장구조를 알면 문장이 길어져도 아래와 같이 그 뼈대를 알아차릴 수 있다.

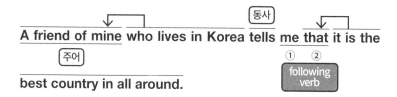

A friend of mine who lives in Korea tells me that it is the
best country in all around.

'한국에 사는 내 친구 중 하나는 한국이 최고의 나라라고 나한테 말한다'는 뜻이다.

영어에서는 때론 콤마 하나도 무척 중요하다

여기서 또 알아둬야 할 개념이 있다.

She is jealous of people who have a good reputation.

그녀는 명성 있는 사람들을 질투한다

우선 아래와 같은 문장구조가 보일 것이다.

She is jealous of people who have a good reputation.

그런데 만약 'people'을 설명하는 부분이 없다면,

She is jealous of people ~~who have a good reputation~~.

그녀는 그냥 (보통의) 사람들을 질투하는 것이다.

people   people who have a good reputation

위의 두 그룹의 'people'들은 다른 그룹이기 때문에 문장에서 'who have a good reputation'을 빼면 완전히 다른 뜻의 문장이 되어버린다. 그런데 아래의 예문은 좀 다르다.

What I need is the pencil, which you are holding.

내가 필요한 것은 (네가 지금 들고 있는) 그 연필이다

여기서 'the pencil'을 설명한 'which~'는 그 연필을 **단순히 부연 설명**한 것이다. **이럴 경우에는 콤마(,)를 찍는다.** 'which~' 부분을 마치 괄호( ) 안에 넣었다고 생각해도 된다.

the pencil   the pencil, which you are holding

이 개념은 'which' 나 'who'등을 쓸 때 주로 적용된다.
콤마(,)는 문장의 순서를 바꿀 때도 쓰지만 이렇게 문장을 보충 설명(즉 없어도 문장의 의미가 안 바뀌는)을 할 때도 쓴다.

Steve, the lawyer is coming. *(변호사인) 스티브가 온다*

'Steve = the lawyer'의 개념이고, 아래의 'which' 도 같은 개념으로 받아들이면 된다.
이런 형태가 아래와 같이 ',who~'나 'which,~'로 들어가면 양쪽에 모두 콤마를 붙인다.

Steve, who works as a lawyer, is coming.

(변호사로 일하는) 스티브가 온다

The precious thing, which you are looking for, would be closer than you can imagine.

네가 찾고 있는 그 소중한 것은 네가 상상할 수 있는 것보다 가까이 있어

▶ 모든 단어들을 그 뒤에서 설명할 수 있다

'where'는 장소를 'when'은 시간이나 날짜를 설명해 주는 데 사용될 수 있다.

LG <u>where I used to work</u> is a Korean corporation.

'내가 일한 적 있는 LG는 한국 회사이다 '라는 의미이다. 여기서 LG라는 회사는 '장소의 개념 (일을 했던 곳)'이므로 'where'를 쓸 수 있다.

I left Korea on the day <u>when you came to the country</u>.

네가 한국에 온 날에 나는 떠났다

'when'이 'the day'를 설명한다. 특별히 'when'은 다른 것들(what, where 등)과는 달리 '단어'를 설명하는 것이 아닌 문장에 추가하는 형태로도 쓴다. (오히려 더 많이 쓴다)

⊕
I left Korea <u>when you came to the country</u>.

위와 같은 형태는 뒤에 자세히 살펴볼 것이다.

아래와 같이 특정한 단어들(all, everything 등)도 많이 사용된다.

All is love.   *모든 것이 사랑이야*

All <u>you need</u> is love.   *네가 필요한 모든 것은 사랑이야*

all <u>you need</u>   *(네가 필요한 모든 것)*

I can do all <u>you want</u>.

네가 원하는 모든 것을 할 수 있어

Everything <u>you only think (of)</u> will be yours.

네가 생각만 해도 다 네 것이 될 거야

I respect everyone <u>I have met</u>.

나는 내가 만난 모두를 존중한다

You are the only one <u>I trust in the company</u>.

네가 이 회사에서 믿을 수 있는 유일한 사람이다

위와 같은 특정한 단어뿐만 아니라 모든 단어들을 뒤에서 의미를 추가할 수 있다.

I like the plan <u>my boss already confirmed</u>.

난 이미 보스가 확정한 그 계획을 좋아해

I like the plan (which) my boss already confirmed.

(which 등이 생략되었다고 봐도 좋다)

A car <u>I can't afford</u> is like a pie-in-the-sky.

내가 살 여유가 없는 차는 그림의 떡과 같다

I decided to have the dog <u>I rescued at the beach last week</u>.

난 지난주에 해변에서 구출한 개를 키우기로 결정했다

My mistake <u>I realized through you</u> never happens.

너를 통해 깨달은 나의 실수는 다시 발생하지 않을 거다

또 다른 새로운 개념을 알기 위해 다음의 문장을 보자.

Mission <u>which is impossible for normal people</u> is exciting.

보통 사람에게 불가능한 미션은 흥분되는 일이다

그런데 뒤에 나온 'which is'는 문장에서 별다른 역할을 하지 않기 때문에 생략할 수 있다.

Mission ~~which is~~ impossible for normal people is exciting.

위와 같이 'which is, who are, it is 등이 생략되어도 문장의 의미 전달에 지장이 없다면, 이를 생략하고 뒤에 따라오는 **'<u>형용사 형태</u>'**만 남겨놓는다.

단어　문장　→　단어　형용사

이것으로 인해 'mission impossible'이라는 영어표현이 가능해지는 것이다.

이 원리로 다음에 소개될 부분을 이해하면 된다.

▶ **이번엔 영어의 살을 줄여보자**

아래의 두 구문을 보자. '가까운 친구'라는 의미이다.

a close friend　　a friend close

둘 다 맞는 표현인가? 그렇다. 그렇다면 어느 표현이 더 자연스러운가? 'a close friend'가 더 자연스러울 것이다. (원어민에게도 그렇다) 하지만 'a friend close'도 익숙해져야 한다. 이렇게 쓰는 이유는 아래와 같이 살들을 길게 늘릴 수 있기 때문이다(영어 어순 그대로 받아들여야 한다).

$\downarrow$———— $\leftarrow$ —— $\leftarrow$

a friend close to me in the school *(학교에서 나와 가까운 친구)*

우리말과 어순이 완전히 반대이다. **'뒤에서 설명'**하는 어순에 익숙해져야 한다. 짧은 한 단어(형용사)로 명사를 설명할 때는 주로 명사 바로 앞에서 붙이지만,

a **close** friend

영어에서 여러 단어로 무언가를 설명할 때는 차곡차곡 뒤에서 설명하는 것이다.

a friend **close to me in the school**

이런 형태를 문장에 넣으면 된다.

Jack is a friend **close to me in the school.**
잭은 친구이다. 나랑 가까운, 학교에서

Students superior to others are normally curious.
다른 이보다 탁월한 학생들은 호기심이 많다

Students (who are) superior to others are normally curious.에서 'who are'가 생략된 것이다.
다른 문구와 예문을 한 번 더 보자.

the special event   the event special
the event special for the supporters on the campus

말 그대로 '스페셜 이벤트'이다. 이를 'the event special' 뒤에 필요한 추가 문구들(for supporters, on the campus)을 뒤에 붙여 나가는 것이다.

The event <u>special for the supporters on the campus</u> will be absolutely amazing.

캠퍼스에서의 후원자를 위한 그 특별한 이벤트는 확실히 놀라울 것이다

참고로 특정한 대상이 아닌 '~thing' (예를 들어 something, anything, nothing 등)이 붙는 불특정 대상은 좀 다르게 생각해야 한다.

실체가 없기 때문에 일반적인 단어와 다르다.

~~crazy something~~
한 단어화

something crazy
원래 영어문장의 어순

실체가 없기 때문에 앞에서는 설명을 못하고 <u>뒤에서</u> 그 something의 **범위를 한정시켜줄** 수밖에 없는 것이다.

'~~**special something**~~'은 어색하다. '**something special**'로 써야 한다.

많이 들어본 예문일 수도 있다.

Can I say something crazy? *정신 나간 소리 하나 해도 돼요?'* ~~(crazy something)~~

마찬가지로 'everyone'도 뒤에서만 설명할 수 있다.

Everyone good at diving looks cool. 다이빙을 잘하는 사람들은 모두 멋져 보인다

▶ ing와 p.p.등도 앞에 있는 명사를 설명한다

단어 뒤에서 형용사가 직접 설명하기 때문에, 그 형용사 자리에는 '~ing'와 p.p.도 들어갈 수 있다. 'to + 동사'도 가능하다.

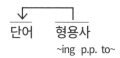

단어   형용사
~ing p.p. to~

'~ing'가 아래와 같이 단어를 설명할 때는 '~하고 있는'의 진행형보다는 '~하는'이라는 행위의 주체일 때가 많을 것이다.

단어   ~ing   ~하고 있는 → ~하는(행위의 주체)

즉 ~ing(형용사로 쓰일 때)가 가진 두 가지의 역할 중 2번(~하는, 행위의 주체)일 경우가 많다는 것이다.

~ing의
두 가지 의미   1. (지금)~하는   2. ~하는 (행위의 주체)

따라서 'be ~ing'로 쓸 수 없었던 'want', 'understand', 'love' 등도 여기서는 'wanting', understanding', 'loving'등으로 많이 쓴다.

I need the person **loving you.**

나는 널 사랑하는 그 사람이 필요해

= I need the person **who loves you.**

I met your girlfriend **wearing glasses.**

안경 쓴 네 여자친구를 만났어

People **understanding structure of English** **can easily speak the language.**

영어의 구조를 이해하는 사람들은 영어를 쉽게 말할 수 있다

A Korean **being open-minded toward other cultures** **can be automatically globalized.**

다른 문화에 열린 마음을 가진 한국인이라면 자동적으로 글로벌화될 수 있다

Steven is surely a weird person **making others crazy.**

스티븐은 확실히 이상한 애야 다른 사람들을 미치게 만드는

The machine **copying and scanning** **is sensitive.**

복사와 스캔을 하는 저 기계는 민감하다

아래와 같이 'to + 동사'도 쓸 수 있는데, '~ing'와 어감 차이가 있다.

I am looking for a person to support you.

나는 널 후원할 사람을 찾고 있어

아래와 같이 의미 상 'to + 동사'만 가능한 경우도 있을 것이다.

I need something to eat.   *뭔가 먹을 것이 필요하다*

~~**I need something eating.**~~

앞으로 먹을 것(to eat)이라는 표현이 더 어울리기 때문이다.

이번엔 p.p.를 보자. 의미를 제대로 알고 있다면, 어려울 것이 없다.
역시 '<u>~이 끝난'의 의미</u>로도 쓸 수 있고 '<u>~당한(~된)'의 의미</u>로도 쓸 수 있다.

단어   **p.p.**   *~끝난 → ~된(행위의 대상)*

I have to go to take care of people <u>wounded</u> from the accident.

그 사고로 부상당한 사람들 보살피러 가야 해

'I have to go to take care of <u>wounded</u> people.'

문장에 'from the accident'가 없다면 'wounded'는 'people'앞에 붙는 게
더 좋다.

My mom used to be a writer specialized in adventure.

우리 엄마는 한때 '모험' 분야에 초점이 맞춰진 작가셨다

과거(used) 시점이기 때문에 'specializing'보다는 'specialized'가 더
어울린다.

Park, Jae Sang known as Psy has made the dance of Gang Nam style popular in all around.

싸이로 알려진 박재상은 강남스타일 춤을 전 세계에 유행하게 만들었다.

아래와 같이 구조가 파악된다면, 별 문제가 없을 것이다.

Park, Jae Sang Known as Psy has made the dance of
    (주어)   (동사)   ①
Gang Nam Style popular.   following verb
          ②

▶ 앞의 단어를 설명하는 다양한 형태 (전치사set 등)

영어에서는 p.p.나 ~ing뿐만 아니라 전치사 등을 사용하여 앞에 단어를 설명할 수 있다.

I will bring you the book related to your study.

네 공부랑 관련 있는 책을 가져다 줄게

참고로, 위의 문장은 아래의 줄임 말임을 이제 알 수 있을 것이다.

I will bring you the book which (혹은 that) is related to your study.

그런데 전치사를 이용해서 비슷한 표현을 만들 수 있다.

I will bring you the book in relation to your study.

또한, 이 문장은 'regard(관련되다)' 라는 단어를 이용하여 '~ing'로 표현할 수 있다.

I will bring you the book <u>regarding</u> your study.

이 역시 전치사 set로 바꿀 수 있다.

I will bring you the book <u>with regard to</u> your study.

한편, 설명(의미의 추가)을 받는 단어가 **반드시 '명사'일 필요는 없다**고 생각하는 게 좋다.

born **to be loved** *(사랑을 받으려고 태어난)*

'born'은 '태어나게 된'이라는 p.p.(일종의 형용사)이다.

You were born to be loved. *너는 사랑을 받으려고 태어났다*

'(being) born to be loved'라고 생각하면 된다. 'being'은 거의 생략해서 쓰기 때문에 마치 (명사가 아닌) born이 설명을 받는 것처럼 보이는 것이다. (다른 형용사들도 마찬가지이다. 'close to me'처럼)
여기서 말하고자 하는 바는 형용사, 부사 등의 문법용어들에 얽매이지 <u>말자는 것이다. **품사를 따지지 말고**, 앞의 단어를 설명하는 영어식 사고(</u>)에 익숙해지면 된다.
앞서 예고했듯이, 영어의 살은 단 두 종류(, ⊕)만 생각하면 되기 때문이다.

▶ **문장 전체를 설명하는 영어의 살(3부)의 예고 (⊕)**

이번 chapter에서는 아래와 같이 바로 앞의 단어를 설명하는 형태를 다뤘다.

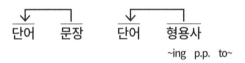

I study English working as a trader.

앞에서 다룬 개념(⬇️▭)만 생각하면, 아래와 같이 적용할지도 모른다.

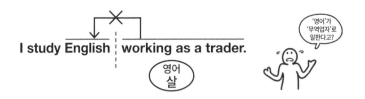

어색하다(영어, English가 무역업자로 일한 순 없다). 이런 경우는 '~ing'가 문장 전체(사실은 동사)를 설명해 준다고 생각해야 한다.

그 의미는? '~ing'의 뜻을 그대로 적용하면 된다. **'~하면서'** 이다.

I study English working as a trader.

*나는 영어를 공부한다. 무역업자로 일**하면서***

아래와 같이 똑같은 문장인데 의미의 구분이 명확하지 않을 때도 있다.

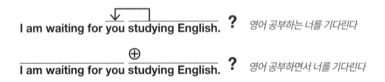

둘 다 맞는 표현이다. 단, 말을 짧게 줄인 대신에 (정보손실을) 감수해야 하는 부분이다. 하지만 구분을 명확히 해야 하는 상황이라면 문장을 다시 늘려야 한다.

I am waiting for you studying English.
→ **I am waiting for you who study English.**
영어 공부하는 너를 기다린다

→ **I am waiting for you while I study English.**
영어 공부하는 동안 너를 기다린다

이를 구분하기 위해서 콤마(,)를 찍거나 어순을 바꾸기도 한다. (⊕)

I am waiting for you(,) studying English. *널 기다려 영어 공부하면서*
Studying English, I am waiting for you.

▶ 영어의 모든 구문은 세 가지로만 분류하면 된다 (가장 중요)

우리는 영어의 모든 구문들(모든 의미단위들 즉, 'that~', '~ing', 'to~', '전치사 구문' 등)을 복잡하게 생각하는 경향이 있다. 하지만 아래와 같이 3가지 중 하나로 받아들이는데 익숙해지면 너무 간단히 정리가 된다. 동사를 제외한 나머지 모든 영어 구문들은 모두 아래의 표를 벗어나지 않는다.

특히 '영어의 살'의 종류는 **단 두 가지로 나누어 생각**하면 된다고 했다. 즉, 앞의 단어를 설명(↓[　　　])하거나, 문장 전체에 의미를 추가(⊕, 주로 동사를 설명함)하는 것으로 **구분하면** 된다. **이 둘은 문장에서의 역할이 달라, 뜻이 다르기 때문**이다.

아울러 이런 의미단위들이 일반적인 명사처럼 쓰일 때도 있다. 이 경우,

주로 '영어의 살'이 아닌 동사구조(주어 등으로)에 쓰인다. 결국 영어의 모든 의미단위는 아래와 같이 3개의 경우만 존재하고, 이를 구분할 줄 알면 모든 영어구문을 이해하게 되는 것이다.

명사 명사자리 주로 동사의 구조에 포함 (동사의 앞이나 뒤)	"영어의 살"	
	앞 단어(주로 명사)를 설명, 형용사의 느낌 ↓⌐⌐	⊕ 문장에 부가, 부사의 느낌 (문장전체나 동사를 설명)
That I'm smart is true. She **knows** (that) I'm smart.	I heard **the news** (that) you are coming here.	-
Please **do** what I asked.	-	-
-	Do **the favor** (which) I asked.	-
I **met** who(m) you love.	**People** who were in the room are coming back.	-
That **'s** why I like you.	I wonder **the reason** (why) you leave.	-
He **asked** God how he lives → →	I need **a method** how I can solve the problem.	-
I **know** where he is.	I founded **the place** where you stayed.	-
Do you **remember** when we met first?	21st of Jun is the day when my daughter was born.	I am happy **when you call me.**
I **want** to study English. To study English is fun.	There is **the guy** to do that. It's **fun** to study English.	I am here **to study.**
	구분이 무의미한 경우도 있다 I need money to study English.	

<u>Going overseas</u> *is* my dream.	I love **people** <u>working here</u>.	I learn many things **working here.**
<u>(Being) Tired</u> **makes** me miss her. (많이 쓰진 않음)	I live in **두마게티(Dumaguete)** <u>called University City.</u>	**(Being) Known as a writer**, my career is changing.
(많이 쓰진 않음) <u>In her arms</u> **was** her baby.	Look after **them** <u>behind you</u>. Take **a picture** <u>of me</u>.	I write (books) **for living.** I was dancing **in the train**.
-	I know **the guy** <u>with whom you live</u>.	-
I **wonder** <u>if you come here</u>. <u>(whether you come here)</u>		Please, be quiet **if you can**. 챕터 11에서 다룰 것들(even if, unless 등)은 대부분 여기에 해당

Preposition (전치사)라는 영어의 살

preposition은 한국어 단어로 대치할 수 **없는** 대표적인 개념 중 하나이다.
특히 우리말 '~의', '~에게' 등 조사로 설명하는 경우가 많은데 비슷한
개념으로 쓰일 때도 있지만 그 고유의 의미와 역할들은 우리말과 완전히
달라 우리말을 배제하고 이해해야 한다.

preposition의 영어식 해석은   **pre + position**
                             미리   자리를 잡는 것

어떤 대상에 대한 역할(자리)을 **앞에서 미리** 정해주는 것이다.

집이라는 대상을 예로 들어보자.

the house

'the house' 앞에 preposition을 붙이면 그 역할이 명확해 진다.

in the house   **<u>on</u> the house**

범위가 존재하는 '것'으로,   접촉하는 것으로,

그래서, preposition은 '영어의 살'로써 두 가지 역할을 모두 한다.

첫 번째, 앞 단어를 직접 설명하거나 제한하는 경우이다.

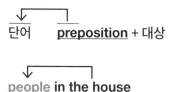

단어   **preposition** + 대상

people **in the house**

'people'은 그냥 '사람들'이라는 의미이지만, 'people in the house'는 그 집에 있는 사람들이다.

혹은 일반적인 형용사처럼 BE동사를 통해서 주어를 설명하기도 한다(주로 주어의 위치를 나타낼 때).

The People **are in the house.**

그 사람들 그 집(주택, 아파트에 쓸 수 없음)에 있어

두 번째 역할은 문장전체에 의미를 추가되거나 부연설명하는 것이다.

⊕

문장   **preposition** + 대상

⊕

We enjoy watching movies **in the house.** *우린 집에서 영화를 즐겨*

이 경우 바로 앞의 단어(movies)를 설명하는 것이 아니고, 문장 전체 혹은 동사(enjoy)와 관련이 있다. 이때는 아래와 같이 어순을 바꿔서 써도 된다.

In the house, we enjoy watching movies.

또한 일부는 동사 뒤에서 동사고유의 뜻을 바꾸거나 제한시키기도 한다. (숙어 만들기)

예를 들어, 'look'는 '보다'이지만, 'look for'는 '찾다'의 개념이 되는 것처럼 말이다.

그 역할을 확인했으니, 그 정확한 의미들을 파악해보도록 하자.

preposition들의 정확한 의미를 파악하는 또 다른 방법은 **각 preposition의 의미를 서로서로 비교**하는 것도 꽤 유용하다.

여기서도 이런 식의 설명이 많이 될 것이다.

▶ ABOUT

'about'을 접하면 많은 사람이 '~대하여'라는 우리말을 떠올린다. 하지만 이러한 **우리말들이 오히려 정확한 'about'에 대한 이해를 방해**한다.

We need to talk about business. *사업얘기가 필요하다*

위의 문장까지는 '사업에 대하여' 혹은 '사업에 관한'으로 받아들여도 괜찮아 보인다.

그런데, 'about five o'clock'은 다섯 시에 '대하여'라고 말하지 않는다. 그냥 '5시쯤'이다.

하지만 'about'은 '~대하여', '~쯤', 혹은 '대략' 등으로 많은 뜻을 가진 것이 아니라, **본질적으로 하나의 뜻**만 있다. 단지 이 뜻을 우리말 단어 하나로 표현할 수 없는 것뿐이다.

이렇게 생각해야 한다.

'about'은 뒤에 나오는 대상을 그림과 같이 **모호한** 것으로 만들어, 정확하게 지칭하는 것이 아니라 **그 주변**을 나타낸다. 그래서 정확히 보다는 **전반적으로 뭉뚱그려 (혹은 대략적으로) 지칭하는 것**이 된다.

about

We need to talk about business. *비즈니스를 얘기할 필요가 있다*

비즈니스를 '두루뭉술하게' 혹은 '전반적으로' 지칭하는 것이다.

그래서 'about five O'clock'은 정확하게 5시를 지칭하는 것이 아닌, 대략 5시를 나타낸다.

위의 개념으로 'about'을 설명하면 모든 상황의 'about'을 정확히 설명할 수 있게 된다.

I walked about the street. *거리 주변을 (이리저리) 걸어 다녔다*

My teacher may be about my age. *우리 선생님 거의 내 나이일거야*

I am <u>about to</u> finish my work today. *오늘 일 거의 끝나간다*

'be about to 동사~'는 많이 쓰는 표현이다. 'to + 동사'가 앞으로 할 일을 지칭한다면 about을 붙이면 그 행위(to동사)의 주변에 있는 것이라, 우리말로 '막 ~하려고 한다'의 의미가 된다.

이렇게 about의 의미를 정확히 알게 되면 다른 품사로 쓰여도 그 의미를 쉽게 알아 차릴 수 있게 된다. 굳이 품사를 구분하며 인지할 필요가 없을 때가 많다.

Is anyone about? *누구든 근처에 있어?*

▶ FOR

'for'를 'about'과의 차이점으로 설명하면, 'for'는 모호하거나 주변을 나타내는 것이 아니라 뭔가를 **더 명확히 지칭**하는 것이다.

역시 우리말 '~를 위하여'로 표현하며 'for'의 사용을 제약하지 말아야 한다.

We need to talk for deciding something.

뭔가 결정하려고 얘기할 필요가 있다

뭔가를 결정하는 행위(deciding something)는 비즈니스(business)를 얘기하는 것보다 뭔가 더 명확하다.

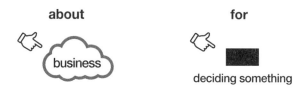

이 정확함(=)으로 'for' 뒤로 **가치가 향해 가는 것**(일종의 '목적')의 의미로 이해하면 된다.

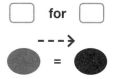

I am here for you. *널 위해(때문에) 여기 있는 거야*

'내가 여기 있는 것(I am here)'의 가치가 '너(you)'에게 있는 것이라고 이해하면 된다.

I have got my phone for nothing (free). *내 전화 공짜로 얻었어*

'내가 전화를 받은 것(I have got my phone)'의 가치가 '공짜(nothing)'인 것이다.

two for five dollars *(2개에 5달러)*
money for oil *(유류비)*

I have been here for three years. *나는 여기 3년 간 있어왔어*

'for'뒤에 기간이 오게 되면, 'I have been here'가 (=) 'three <u>years</u>'는 3년이라는 기간으로 단위가 일치되어 우리말로 '~동안'의 의미가 된다. 참고로 'for'와 'against'는 반대의 의미다.

Are you for or against my offer?
내 제안에 찬성입니까 아니면 반대입니까?

▶ **TO**

'for'는 '가치'만 넘어간 정적인 어감인데 반해, 'to'는 '실제(체)'가 넘어간 **동적인 이미지**다.
'for'가 '목적'이라면, 'to'는 '목적지'의 느낌으로 생각해도 된다.

I go to him for you.
그에게 (실제) 가는데, 너에게 가치가 둔 거다(위하여)

내가 가는 것이 너한테(→ him)이고, 그 행위는 널(you) 위한 것이다.
'to'는 뭔가 움직임(혹은 이에 상응하는 개념)으로 인해 방향성과 목적이 동시에 제시된다.

to ————→●

그래서 'for' 뒤에는 명사 혹은 ~ing(이것도 여기서는 일종의 명사)가 오고 'to' 뒤에는 동적인 개념이 들어간 동사가 온다. 'time to sleep'처럼 말이다. 'for'는 'time for sleeping'이다.

for + 명사　　　　　to + 동사

I have come here to help you. *나는 여기에 너를 도우려고 왔다*

'to 동사'의 형태는 전치사뿐만 아니라 여러 가지로 다양하게 쓰인다.

It looks academic work to me. *그건 나한테는 학술적인 일로 보여*

물론 '~academic work for me'를 써도 괜찮지만(혼용해서 쓸 수도 있다는 의미), 이 둘(for와 to)의 어감차이가 존재한다. '~to me'는 동적인 의미로 인해, 단순히 방향성(→)만 나타내어 '나한테는'의 의미로 '직접 내가 하지 않아도 상관이 없는 느낌'이나, '~for me'는 가치중심적(=)인 느낌으로 인해 '실제로 나의 일'이라는 느낌이 들어간다.

a loss amount to one billion won *(10억원에 이르는 손해)*

I am going to tear the letter to pieces

그 편지를 갈기갈기 찢어 버릴 예정이다

'to pieces'의 의미는 조각이 될 때까지라고 받아들이면 된다.

---

toward

'toward'는 'to'와 비슷해 보이지만 어떤 대상에 직접적으로 끝까지 간다는 의미가 아니라 단순히 그 방향만을 지칭할 때 쓰는 표현이다. 즉 정확히 도달한다는 의미는 아닌 것이다.

toward southern *(남쪽 방향으로)*

There are toward a thousand students. *천 명 정도의 학생들이 있다*

참고로 forward(앞으로)나 backward(뒤로)는 전치사로는 쓰이지 않는다. 단순히 방향을 나타내는 말(부사)이다.

▶ IN

'in'은 뒤에 나오는 단어가 범위(혹은 공간)를 가진다고 미리 알려주는 것이 다. 그래서 그 범위 내(혹은 '안')를 지칭한다기 보다는 범위 전체를 모두 지칭하는 것이다.

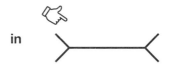

I will be back in ten minutes.

무슨 의미인가? 많은 사람들이 '10분 안에' 혹은 '10분 내로' 돌아오겠다는 의미로 받아들인다. 하지만 아니다.

'in ten minutes'는 10분이라는 **범위가 존재하는 시간 전체를 지칭**하기 때문에 (정확히) '10분 뒤에' 혹은 '10분 후에' 오겠다는 뜻이다(~~after ten minutes~~라는 말은 틀림). 그래서 'in time'은 '(일정시간이 흐른 후) 제시간에', 혹은 '적당한 시간 뒤에' 라는 뜻이 된다.

This system is going to be connected in an hour.

이 시스템은 (정확히) 한 시간 뒤에 접속될 예정입니다

I am interested in you.

나는 너(와 관계된 범위)에 관심이 있어

Tom belives in Jesus.

톰은 예수(라는 존재를 다) 믿어

My father can write in English.

우리 아버지는 영어(범위)로 쓸 수 있어

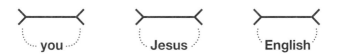

I am in trouble. *나는 곤란하다 (곤란함의 범위에 빠져 있다)*

I want to know the average in total. *전체의 평균을 알고 싶다*

예를 들어 '나 한국에 있어'라고 표현할 때 우리말로는 '한국 **안**에 있어'라는 의미로 말하지만, I am in Korea.의 정확한 영어식 표현은 '한국(이라는 **범위**가 존재하는 곳)에 있어'의 의미이다. 만약 공간(혹은 범위)의 존재를 전혀 나타날 필요가 없을 때는 뒤에 설명될 'at'을 쓰면 된다. (즉 in은 '넓은 장소', at은 '좁은 장소'의 개념이라고 하는 것은 다소 부족한 설명이다)

The procedure is in the office. *그 과정(절차)은 그 오피스에서 벌어져*

(절차가 이루어지기 때문에 오피스의 공간이 필요한 느낌이라 in을 썼다)

I got the certificate at the office. *증명서를 그 오피스에서 받았다*

(단순히 증명서를 받은 곳(~에서), 공간의 존재를 말할 필요가 없어서 at을 썼다)

I was born in 1989. 처럼 의미 상 '안'이라는 이미지로 나타낼 때도 있지만, 그냥 '그 범위에'라는 의미로 생각하면 어색하지 않을 것이다. 굳이 범위 내라는 표현을 쓰고 싶다면 'within'이 더 어울린다.

within two weeks *(2주 내로).*

> 참고로 'in'의 의미를 이해했다면, 'to'와 합성한 'into'의 의미를 받아들이는 것도 어렵지 않다. 어떤 대상에 이동되는 이미지를 생각하면 된다. '**그 범위로 (향한)**'의 개념인 것이다.
>
>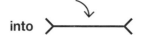
>
> **Could you translate the English sentence into Korean?**
> *이 영어 문장을 한국말로 번역해줄 수 있어? (다른 언어로의 번역에 'into'를 많이 쓴다)*
>
> **Our brand would advance into America.**
> *우리 브랜드가 미국으로 진출할 것 같아*

▶ **AT**

'at'은 뒤에 나오는 대상을 점 같은 이미지로 바꿔버린다. 그래서 좁고 정확하게 느껴진다.

at

'at'뒤에 나오는 대상에는 공간이나 범위의 의미가 없다.

I transferred plane at Korea. *한국에서 비행기 갈아 탔어*

한국은 큰 공간을 가지고 있지만, 이 경우 큰 공간의 느낌이 필요 없다.
단순히 '한국에서'라는 의미로 충분하기 때문에 'at'을 쓴 것이다.
이런 '점'의 의미지는 '정확함'으로 확대된다. 공간뿐만 아니라 시간도
해당된다.

at five o'clock *(5시 정각에)*　　**at the age of 25** *(딱 25살에)*

특정한 시간을 정확히 지칭할 때 'at'을 쓴다. '25살 그때에'라는 의미이다.

I am good at fishing. *낚시를 잘한다*

그것에 초점이 맞춰져(at) 잘한다(good)라는 의미로 받아들이면 된다.

I was angry at you.

화가 난 감정을 어딘가에 집중한 것이다. 물리적인 느낌은 없기 때문에
'to'보다는 'at'이 더 어울린다.

▶ ON

'on'은 그 영역에 **'붙어 있는'** 이미지이다. 꼭 물리적인 느낌이 아니더라도,
심리적으로 혹은 비시각적 어디에도 붙어 있는 이미지라면 쓸 수 있다

(단순히 '~위에'라는 의미가 아니다).

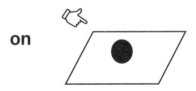

on the table (테이블에 붙어서)　**on the ceiling** (천장에)　**on air** (공기에; 방송중)

Do we start <u>on</u> three or after three?

(셋을 세면서) 셋이라고 할 때 시작할까? 셋을 세고 난 다음에 시작할까?

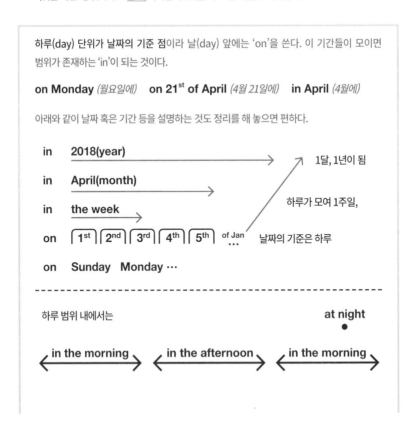

하루(day) 단위가 날짜의 기준 점이라 날(day) 앞에는 'on'을 쓴다. 이 기간들이 모이면 범위가 존재하는 'in'이 되는 것이다.

on Monday (월요일에)　**on 21st of April** (4월 21일에)　**in April** (4월에)

아래와 같이 날짜 혹은 기간 등을 설명하는 것도 정리를 해 놓으면 편하다.

in　2018(year) ──────────────────→
1달, 1년이 됨

in　April(month) ──────────→

in　the week ──→

하루가 모여 1주일,

on　1st 2nd 3rd 4th 5th of Jan ···　날짜의 기준은 하루

on　Sunday　Monday ···

하루 범위 내에서는　　　　　　　　　**at night**

←**in the morning**→　←**in the afternoon**→　←**in the morning**→

하루 내에서는 또 다시 시간의 범위를 나타내기 때문에 'in'을 쓴다.

그런데 'night(밤)'는 잠을 잔 시간 동안은 물리적 시간의 개념이 필요 없기 때문에 'at night'라고 쓴다. 실체의 느낌이 없어 관사도 안 붙인다.

물론 잠을 자지 않고 뭔가를 하거나 길게 묘사하고 싶으면 'in the night'라고 하면 된다.

▶ OF
_____

'of'도 워낙 다양하게 쓰이기 때문에 여러 가지로 번역하지만, 전반적으로 아래와 같이 'of'뒤에 오는 것을 **백그라운드 혹은 함께 겹쳐 있는 개념**으로 생각하면 된다(겹치지만 같음(=)의 개념은 아니다).

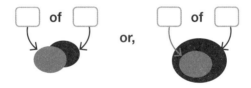

a car of plastic *(플라스틱으로 된 차)*

a child of a mixed marriage *(다문화 가정의 아이)*

배경 이미지로 생각하면 (원인이 될 수 있어) <u>느낌이나 감정과 관련된 표현</u>에 'of'를 많이 쓴다.

난 자랑스러운 감정이 생겼다. 이는 **'너'라는 배경**으로 인해 생긴 것이다 단순히 '네가 자랑스럽다' 혹은 '네가 대견하다'라는 우리문장보다는, 위와 같은 이미지로 생각하여 영어식으로 정확하게 저 문장을 받아들이면 좋다.

She was afraid of pigeons.

그녀는 비둘기들로 인해 두려운 감정이 생겼다

I dream of you. *네 꿈을 꾼다*

Could you take picture of me?

나를 사진으로 찍어줄래요? (사진과 내가 겹쳐야 하니 of)

조금만 응용하면 '아주 훌륭한 교사'라는 표현을 아래와 같이 할 수 있다.

John is a teacher of teachers. *존은 교사 중의 교사이다*

▶ FROM

간혹, 'of'와 'from'의 이미지를 혼동하기도 하는데, 'of'와는 달리 'from'은
아래와 같이 거리감이 있는 것으로 받아들이면 된다.

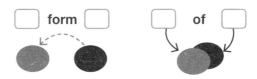

아래의 두 예문을 보면 'from'과 'of'의 차이를 알 수 있다.

Cheese is made from milk.   *치즈는 우유로부터 만들어졌다*
The toy was made of plastic.   *저 장난감은 플라스틱으로 만들어졌다*

치즈에는 우유성분이 느껴지지 않을 정도로 변했기 때문에 'from'이 더
어울리는 것이고, 장난감은 플라스틱이 여전히 느껴지므로 'of'가 더
적당하다.

from 9 to 5   *(9시부터 5시까지)*
from people to people   *(사람에서 사람까지; 사람들마다)*
Get away from me.   *나한테로부터 좀 떨어져줘*

▶ WITH

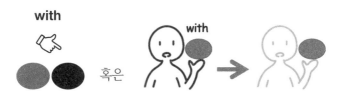

'with'의 개념은 그리 어렵지 않다. 위의 이미지로 충분히 이해할 수 있다. 옆에 함께 있는 이미지뿐만 아니라, **함께 움직이는 동적인 느낌**까지 생각하면 된다.

I am happy with the campus.

나는 이 캠퍼스로 인해 행복해(만족해)

When you go to school, I'll accompany (with) you.

학교 갈 때, 내가 동행해 줄게

I sweep out the floor with a broom stick.

나는 막대 빗자루로 바닥을 쓴다

What is wrong with you?

뭐가 잘못된 거야? (너를 따라다니는 문제)

▶ **BY**

'by'는 'with'과 비교하며 설명하겠다.
우리말로 한다면 '~에 의해서' 도구, 수단을 나타낼 때 'with'과 비슷하게 쓸 수 있지만, 어감차이가 크다. by'에는 **영향력이 존재**한다. 그래서 **좀더 (큰) 주도적인 역할**을 한다.

I will go there <u>by</u> bus.　　*거기 버스로 갈게 (bus의 영향력이기 때문에 관사를 뺀다)*

I will go there <u>with</u> my car.　　*거기 내 차로 갈게*

버스가 나를 전적(주도적)으로 가게 하니 'by'를 썼고, 뒤의 문장은 내

차(my car)의 주도성이 떨어지기 때문에 'with'을 썼다.

The room was cleaned by my mom with a vacuum.

(엄마와 청소기의 주도력 차이) *그 방은 엄마에 의해 진공청소기로 청소되었다*

큰 영향력에 **붙어 있음(혹은 영향력의 범위 내)을 표현할 때**도 많이 쓴다

I live near the beach. *나는 해변 근처에서 살아*

I live by the beach. *나는 해변가에 붙어 살아 (집이 해변가에 바로 붙어 있다)*

Please, stand by me. *내 옆에 (딱 붙어) 있어줘, 혹은 날 지지해줘*

by the way (길 옆에 딱 붙어서, 혹은 그 얘기(way)에 덧붙여 다른 얘기를 하자면..)

이런 특징으로 인하여 '언제까지' 라는 의미로도 많이 쓰이는데, 'until'과 비교해서 알아야 한다. 'by + 5(시)'은 5시라는 '큰 영향력의 시간 범위에 붙어서'라는 의미이기 때문에 정확히 '5시'까지가 아니라 5시 전(예를 들어, 4시반 등) 시간도 모두 포함된다. ('at 5'는 '정확히 5시'라는 느낌이다)

I have to arrive there by 5. *거기 5시까지(전에) 도착 해야 해* **(한번 도착하는 것)**

I have to study here until 5. *나 5시까지 여기서 공부해야 해* **(쭉 이어서 하는 것)**

'until'은 <u>계속해서 이어지는 느낌</u>일 때 쓴다.

▶ AS

'as'는 주로 '동일선상 에 있음' 혹은 '같음(=), 혹은 '비슷함'을 의미하는 단어이다. 그래서 '~로서' 혹은 '~로써'의 의미로도 쓸 수 있다. 또한 'as'는 preposition뿐만 아니라 접속사, 부사 등 여러 가지 형태로 쓰이기 때문에 마지막 chapter 11에서 다시 자세히 설명이 된다.

as

working as a lawyer *(변호사로서 일하기)*
I will be famous as a scholar. 나는 학자로서 유명해질 것이다
The number of motorbikes is the same as the population.
오토바이의 수는 인구와 같다

'as'의 의미만 알고 있다면 다른 품사도 문제 없이 사용할 수 있다.
As I told you, you can do anything you want.
내가 말한 것 같이 너는 네가 원하는 뭐든지 할 수 있다

▶ 떨어지는 (혹은 멀어지는) 느낌의 Preposition들

위의 전치사(부사)들은 우리말로 비슷해 보이기 때문에 혼용해서 쓰기도 하나, 각각 다른 뜻이 있다. 핵심적인 뜻(영어식 사고)을 명확히 구분해야 한다.

'off'는 **붙어 있던 것이 떨어진다는 의미**이다.

8% off *(8% 인하)*   *8%를 떨어지게 하는 것이다.*

Take off.   *(여기서 떨어져) 나가 (혹은 비행기가 이륙한다, 땅에서 떨어지니까)*

'away'는 붙어 있는지 여부와 상관없이 (반대방향으로) 멀어진다는 의미이다.

Go away. *(떨어져) 가버려*

I was trying to look away from the screen.

화면에서 눈을 돌리려고 노력 중이었어

'out of'는 **특정 범위를 벗어난다는 의미**이다.
'of~'의 배경에서 벗어난 느낌으로 'out of'를 쓰면 된다.

out of order *(고장 난, 정상이 아닌, 순서가 안 맞는)*

The elevator was out of order.   *엘리베이터가 고장 났었다.*

▶ 지나는 느낌의 Preposition들

모두 비슷해 보이지만, 핵심적인 의미는 다르다.
'through'는 **뭔가 통과 혹은 완전히 관통하는 의미**이다.

through the village   *(마을을 통과하여)*

I talk through an interpreter.   *통역관을 통해서 이야기한다*

Let me through.　　　　　　　*나 통과하게 해줘*

'past'는 관통의 느낌보다는 **옆을 지나는 의미**이다.

(at) quarter past ten *(10시를 지난 15분, 10시 15분이라는 의미)*

'quarter'는 사분의 일이다. 즉 한 시간의 사분의 일은 15분이다.

It is past your bedtime. 너의 잘 시간이 지났다

'along'은 **뭔가 쭉 따라서 지나는 의미**이다.

a bed along the wall *(벽을 따라붙어 있는 침대)*
Cars were parked all along the road.

차들이 길을 따라 주차되어 있다

'across'는 면적(혹은 공간)의 느낌이 존재하는 곳을 지나는 느낌일 때 쓴다.

across the river *(강 건너)*

There are many immigration offices across Australia.

호주에 걸쳐 많은 이민성들이 존재한다

▶ 아래 위를 나타내는 **Preposition**들

'under'는 **뭔가의 밑을 이야기 하는데, 그 위는 공간적인 느낌이 존재**한다.
반면에 'below'는 **선의 개념 밑을 지칭**한다.

fish under the sea *(바다 아래의 물고기들 , fish는 물고기들이다)*

below the horizon *(수평선 혹은 지평선 아래에)*

The reason is explained as below.

그 이유는 아래와 같이 설명되어 있다

'over'는 **공간적인 것의 위를 지칭**하는 말인데, 특이하게 넘어가는 행위인 **동적인 개념**이 들어간다.

all over the world *(전 세계 도처에 걸쳐)*

Over (to you) 무전 시 쓰는 '오버'이다. 다른 사람에게 말할 기회를 넘긴다는 뜻이다.

You will be chosen over other candidates

너는 다른 후보자들을 넘어서 선택될 것이다

My work is over. *내 일이 끝났다 (adjective)*

'above'는 **선의 개념 위를 지칭**하는데, 'over'와 달리 동적인 개념은 없다.

above average *(평균보다 위)*

above the building *(빌딩 위에) 빌딩에 붙어 있는 것이 아닌 '떠있다'는 의미이다.*

▶ 상대적 위치를 나타내는 Preposition들

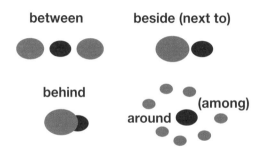

between 2:30 and 3 *(2시 반에서 3시 사이)*

You shouldn't eat between meals.

식사시간들 중간(간식을)에 먹지 마라

The topic is beside the point. *이야기가 요점 옆에 있다(벗어났다)*

I am your neighbor. I live next to the door.

나는 네 이웃이다. 옆집에 산다

'around', 'among' 모두 어떤 대상으로 둘러싸인 이미지를 생각하면 되는데, 정형적인 것 (동그라미와 같이) 에 'around'를 쓰고 비시각적 혹은 비정형적인 것에 'among'이 어울린다.

around the corner *(코너 주변에)*

a teacher among teachers *(선생님 중의 선생님)*

훌륭한 선생님이라는 뜻이다. ('a teacher of teachers'도 비슷한 의미이다.)

Look behind you. *뒤를 봐*

You are behind the times. *시대에 뒤쳐졌다*

▶ **'영어의 살'로써의 preposition의 2가지 역할**

전치사들의 의미를 알았으니 아래의 두 가지 역할을 살펴보자.

(명사를 설명하는) 형용사와 같은 역할을 하는 경우를 보자. 해당 단어 뒤에서 설명한다.

People <u>in the back</u>, can you hear me? *뒤에 있는 분들 제 말 들려요?*

Have some cookies <u>on the table</u>. *테이블에 있는 쿠키 좀 먹어*

테이블에 올라가서 쿠키를 먹으라는 뜻이 아닐 것이다. 'on the table'은 바로 앞 단어인 cookies를 설명한다(테이블에 있는 쿠키).

I <u>as a student</u> had better ask many questions.

학생으로서 질문을 많이 해야 한다

일반적인 형용사처럼 be 동사 뒤에서 주어를 설명할 수도 있다. 생각보다 많이 쓰니 익숙해지자.

The doors are <u>on</u> your right.

(지하철에서 내릴) 문들은 여러분의 오른쪽이에요

She has been <u>on</u> a trip.	*그분 여행 중이셨잖아*
Sorry, I was <u>out of</u> my mind.	*미안, 내가 정신이 나갔었어*
I'm <u>for</u> your idea.	*난 네 아이디어 편이야 (지지해)*
You are <u>at</u> work.	*너 일하는 중이야*
He would be <u>in</u> trouble.	*그 친구 곤란할거야*
I'm <u>in</u>	*나도 그 범위로.. (나도 같이 할게)*

이빈엔 'in which' 혹은 'of whom' 등과 같은 표현을 보자. 앞의 단어를 설명하는 역할로 생각하면 쉽게 받아들일 수 있다.
예문으로 시작하자.

I am looking for <u>the best teacher</u>. → *누굴 찾는다고?*

I am looking for <u>whom</u>.

whom을 단어화 시키는 아래의 원리를 다시 생각해보자.

I am looking for whom.

whom의 단어화

Whom I am looking for

'whom~'은 아래와 같이 바로 앞의 단어(the best teacher)를 설명할 수 있다.

① **Matt is** the best teacher who(m) **I am looking for.**

매트는 내가 찾고 있는 최고의 선생이다

그런데 'for'는 'whom'에 붙여 쓸 수 있다.

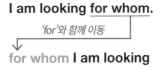

I am looking for whom.

'for'와 함께 이동

for whom I am looking

그리고 'the best teacher'를 'for whom'으로 설명하는 것이다.

② **Matt is** the best teacher for whom **I am looking.**

②번 문장처럼 'for whom'을 쓰게 되면, 'for'로 인해 'the best teacher'뒤에 가치를 받는(for) 대상이 올 것이라는 것을 **미리 알 수 있어** 문장이 더 명쾌해진다.

어려워 보일 순 있지만, 'the best teacher for you'와 같은 방식인데, 'for you'대신 긴 문구(for whom~~~)를 붙인 것이라 생각하면 된다.

I met Tom who(m) **you explained the problem to.**

네가 그 문제를 설명해 준 탐을 만났어

위의 문장은 아래와 같이 쓸 수 있다는 뜻이고, 오히려 아래와 같은 표현이

'영어식 사고'로는 더 명쾌하다. '탐이 설명을 받은(to~) 것이다. 때론 우리말로 명확하게 설명이 어려울 때도 있다.

I met Tom <u>to whom</u> **you explained the problem.**

English is recently my favorite subject in which I am interested.

'영어는 최근 내가 가장 좋아하는 과목이다. 내가 관심을 가지고 있는' 이라는 의미이다.

'interested in'을 알고 있으면 어렵지 않다.

'in'이 바로 앞에 온 단어인 'my favorite subject'가 어떤 범위에 속하는지 예고하는 역할을 한다.

내가 선호하는 과목   *내가 관심 있어 하는*

English is recently <u>my favorite subject</u> **in which I am interested.**

어떤 범위냐면...

'in which 등'은 자주 쓰이는데 이해를 돕기 위해 아래에 문장을 먼저 보자.

Many places in <u>Korea</u> **are crowded.**
한국에서는 많은 장소들이 복잡하다

어렵지 않은 문장이다. 아래와 같이 확대된다고 생각하면 된다.

Many places in <u>which(=where) I visited</u> **were crowded.**
내가 방문했던 많은 장소들 복잡했다

I know the Gold Coast to <u>which area (=where) we are going.</u>
우리가 가는 골드코스트는 내가 아는 지역이다

'where'에는 'in'이나 'to'의 의미가 들어 있다는 뜻이기도 하다.

이번엔 preposition set가 adverb(부사)처럼 문장 전체에 영향을 주는 경우를 보자.

$$\overline{\text{문장}} \quad \overset{\oplus}{\underline{\text{preposition set}}}$$

전치사 set는 동사나 문장전체를 설명하는 (다음 장에서 다루게 될) 부사의 역할도 한다.

In my opinion, our country is not a developed one yet.
내 의견(범위에서)는, 우리나라는 아직 선진국이 아니다

따라서 전치사 set는 아예 한 단어로 된 adverb(부사)를 대신해서 사용되기도 한다.

To be honest (= honestly), I have adored you for a long time.
솔직히 말하면, 오랫동안 너를 아주 좋아했었다

There are hundred students enrolled in total (= totally)
총 100명의 등록한 학생들이 있다

The actor of main character appeared in person at this theater. (= personally)
주연배우가 직접 극장에 나타났다

이제 다음 장에서 adverb(부사)를 자세히 살펴보자.

말에 의미를 추가하는 adverb (adjective와 비교)

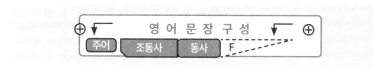

adverb의 개념을 쉽게 이해하기 위해서는 adjective(형용사)와 비교하면 된다. 'verb'는 '동사'라는 뜻도 있지만 명사를 제외한 '모든 말'을 지칭한다.

adjective(형용사)란,
대상(명사)을 설명

ad + (o)jective

수식한다
꾸며준다 **대상(명사)을**

adverb(부사)란, 명사를 제외한
나머지 모든 말에 의미추가

ad + verb

수식한다
꾸며준다 **말을**

그래서 형용사에 의미를 추가하고,

adjective	noun
a smart	student (영리한 학생)
a fast	car (빠른 차)
my beautiful	life (내 아름다운 인생)

adverb	adjective
very	fast (아주 빠른)
much	cheap (많이 싼)
extremely	hard (극단적으로 힘든)

같은 adverb에도 의미를 추가하고,

심지어 동사에도 의미를 추가한다.

기본적으로는 의미를 추가할 말 바로 앞에 붙인다.

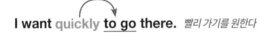

'빨리 원하는 것 (quickly want)'가 아니라 '빨리 가는 것 (quickly to go)'이다.

하지만, 이런 식으로 굳이 형용사, 부사 등 품사를 따지기 보다는 단어의 앞에서 설명하느냐, 혹은 뒤에서 설명하느냐를 구분하면 된다.

영어도 '하나의 단어'로 대상에 의미를 추가할 때는 (우리말과 똑같이) 해당 단어 바로 앞에 간단히 붙인다. 하지만 설명하는 말들이 길어지거나 많아지면 '기본적인 영어의 어순'이 적용되어 아래와 같이 뒤에서 차례차례 의미를 추가한다.

$$\overset{\displaystyle \downarrow \,\rule{1.5em}{0.4pt}\,}{} \quad \overset{\leftarrow}{} \quad \overset{\leftarrow}{}$$

a friend close to me in the school

adverb도 단어 하나로 되어 있는 경우에는 설명해주는 단어 바로 앞에 붙는다.

▶ 한 단어로 된 Adverb들

동사 앞에 쓰인 '한 단어로 된' adverb들이 들어간 예문들이다.

I don't even **know** what I can say. 뭐라고 말할 수 있는지조차 *모르겠다*

Have you ever **met** any celebrity? 아주 유명한 사람 만나본 적 있어?

She has surely **paid** for that. 그녀는 확실하게 *지불한 상태야*

이렇게 동사를 설명할 경우, 문장 맨 앞이나 뒤에 옮길 수 있다.

Fortunately(,) **you passed** the exam.

운 좋게도 너 그 시험 통과했어

각 종 모든 말(verb)들 앞에 붙이며, 단어의 의미를 강조한다.

Motivation is much **more important** than passion.

동기부여는 열정보다 훨씬 더 중요하다

Are you fully **ready** for the presentation?

그 발표회 완전히 준비되었어?

You have to get a car easily **to go** there.

넌 쉽게 거기 가기 위해 차가 있어야 해

명사를 제외한 모든 단어(~ing, to~, p.p. 등) 앞에 자유롭게 **한 단어**의 부사

(adverb)를 붙인다. 덩어리로 된 adverb들은 뒤에서 다룬다. (because~, if~, even though 등)

즉, adverb들은 문장의 구조에는 **'어떠한 변화도 주지 않고 의미를 추가한다는 사실'**이 **가장 중요**하다. 문장에 복잡하게 추가되어도 **여전히 문장구조를 파악되면 된다**는 뜻이다.

> **Koreans living overseas <u>face</u> people <u>having different cultures.</u>**
>
> **Koreans living overseas** sometimes **face people** completely **having different cultures.**
>
> *해외에 사는 한국 사람들은 완전히 다른 문화의 사람들과 종종 만나게 된다*

▶ **Adverb의 모양들**

adverb는 기본적으로 뒤에 '~ly'의 형태의 모양을 가진다.

noun	adjective	adverb	
fortune	fortunate	fortunately	(운 좋게)
beauty	beautiful	beautifully	(아름답게)
	full	fully	(충만하게)
	true	truly	(진실되게)
	easy	easily	(쉽게)

very, almost, sometimes, often 등은 '~ly'로 끝나지 않아도 모두 adverb이다.

▶ adjective와 adverb가 똑같은 형태들

때로는 adverb와 adjective가 똑같은 형태도 있는데, 몇몇 경우는 '~ly'를 붙이면 의미가 바뀌는 것으로 보인다.

	adjective	adverb	
fast	빠른	빠르게	
early	이른	이르게	
enough	충분한	충분히	
first	처음의	처음으로	(때로는 firstly도 가능)
near	가까운	가깝게	(nearly도 사용 가능하나 '거의'라는 뜻이 강함)
late	늦은	늦게	(lately는 '최근에'라는 adverb임)
high	높은	높게	(highly '굉장히', '상당히'라는 adverb임)
hard	어려운	어려게	(hardly는 '거의 ~않는'이라는 adverb임)

It's a fast car. (adjective) *이건 빠른 차다*

You should be careful, especially when you drive fast.
(adverb) *조심하는 게 좋을 거다 특히 운전을 빠르게 할 때 말이다*

There is enough motivation to learn English.
(adjective) *영어를 공부하기에는 충분한 이유가 있다*

His English is good *enough* for a Korean.
(adverb) *그의 영어는 한국 사람으로서는 충분히 좋다*

간단히 말해 ~~enoughly~~라는 단어는 없다.

특히 'hardly'와 같은 부정적인 의미가 되는 adverb들은 주의할 필요가 있다. **'no'나 'not'과 같은 부정어가 직접적으로 보이지 않기** 때문에 적응이 필요하다. 'barely'도 마찬가지이다.

'I can hear you barely.' 혹은 'I can barely hear you.'라고 하면 '당신 목소리를 거의 들을 수가 없어요.' <u>안(not)</u> 들린다는 의미이다. 전화통화

등에서 쓸 수 있는 표현이다.

▸ **전치사가 숨어 있는 단어들 (그래서 형용사나 부사처럼 쓰임)**

there, here, home 등은 특별히 봐 둘 필요가 있다. 명사처럼 생긴 단어에 이미 전치사(방향성)의 의미가 들어 있기 때문이다.

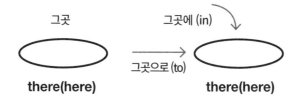

'there'는 '그 곳(거기)'라는 명사도 되지만, 이미 'in'이나 'to'의 의미가 들어 있다.

I was in the office. I have to go <u>there</u> again.

어제 있던 그 사무실에 또 가야 해

(in(to) the office = there)

그래서 'in'이나 'to'가 붙은 preposition set처럼 adverb(부사)나 형용사로 쓰이는 것이다.

'home'도 🏠집(명사)'이라는 뜻도 있지만, ⟶🏠'집으로(to)' 혹은 집에서(in)의 의미도 된다.

When I am tired, I go <u>home</u>. *피곤할 때 나는 집에 간다 (I go to home)*

Take me <u>home</u>. *(take me to your home) 집에 가게 해줘 (데려다 줘)*

(참고로 I go happy, I go insane 등은 제외다. 내가(I = happy) 행복해진다는 개념)

Where are you? Come <u>here</u>. *어디 있어? 여기로 와*

When you were in the Café, I was <u>there</u> too.

네가 카페에 있을 때 나도 거기에 있었어

'out'이나 'back', 'up' 과 'down' 그리고 'overseas'도 이렇게 쓰인다.

I am out. *나 바깥이야 혹은 나 빠질게*

I will be (right) back. *(곧) 돌아올게*

My brother stays overseas. *우리 형은 해외에 머무르고 있다*

(He stays <u>in</u> Vietnam. *그는 베트남에 머무르고 있어***)**

날을 지칭할 때는 'on'을 붙인다. 그러나 'today', 'yesterday', 'tomorrow'과 같은 단어들에는 이미 'on'의 의미가 들어 있어서 붙이지 않는다.

오늘   오늘에

today   on today

See you <u>on</u> Monday. Oh! tomorrow is Monday. See you

(~~on~~) <u>tomorrow</u>.

월요일 날 보자. 아 내일이 월요일이구나. 내일 보자

Monday 앞에는 'on'을 붙이지만 'tomorrow' 앞에는 없다. 'tomorrow'에는 'on'의 의미가 들어 있기 때문이다.

What did you do yesterday? *어제 뭐했니?*

What did you do on 26th of Jun. *6월 26일날 뭐했니?*

'this', 'last', 'next 등 뒤에 시간이나 기간 등을 쓰면 'in'이나 'on' 등을 앞에 붙이지 않는다.

이미 그 전치사의 의미가 들어간 adverb가 되기 때문이다.

Sohyeon is leaving <u>this week</u>. *소현이 이번 주에 떠나 ('in this week')*

I finished the work <u>last weekend</u>.

지난 주말에 그 일 끝냈어 ('on last weekend')

(last는 '~지난'이지만, 'the last~'는 '마지막'이라는 의미가 된다.)

'~ly'로 끝나 부사처럼 보이지만 주로 형용사인 것들

'~ly'로 끝난다고 모두 adverb가 아니다. 'friend', 'love' 등과 같은 단어들은 '~ly'를 붙여도 adverb(부사)보다는 **형용사로 더 많이 쓴다.**

friendly (우호적인)　　　　**likely**　(그럴 것 같은)
lovely　 (사랑스러운)　　　　**costly**　(비싼)

a lovely girl *(사랑스런 소녀)*

What a <u>lovely</u> day.　　　　　　　　이 얼마나 좋은 날인가
He is <u>likely</u> to finish it soon.　　　그는 그것을 곧 끝낼 것 같다
Your colleagues are so <u>friendly</u> with you. 직장동료들이 너에게 호의적이네

▶ Comparative degree (비교급)

형용사와 부사들은 '얼마나 빠르게 (how quickly)' 혹은 얼마나 크게(how big)'와 같이 그 정도를 나타낼 수 있다. 그래서 '더 빠르게 (more quickly)' 그리고 '더 크게 (bigger)'와 같은 표현이 가능하다.

형태는 2가지이다. 주로 단어의 길이로 모양이 결정되는데 **첫 번째 형태**는 단어 뒤에 '~er'을 붙이는 것이다. 주로 짧은 단어(2~3 음절 이하)일 경우이다.

nice → nicer *(좋은, 더 좋은)*

short → shorter *(짧은, 더 짧은)*

thick → thicker *(두꺼운, 더 두꺼운)*

긴 단어는 형태 변화를 주지 않고 단어 앞에 'more'를 붙인다.

more beautifully *(더 아름답게)*

more sensitive *(더 예민한)*

more globalized *(더 글로벌화된)*

짧지만 '~er' 이 아닌 'more~'를 붙여야 하는 경우도 있다.

right → more right (더 옳은) 'righter'는 '뭔가 바로 잡는 사람(교정하는 사람' 혹은 '의인')

fun → more fun *(더 즐거운)*

때로는 <u>규칙을 벗어난 완전히 다른 형태</u>도 있다. (good, well → better)

A: I have a <u>good</u> idea. *좋은 아이디어가 있어*

B: Mine would be <u>better</u>. *내 아이디어가 더 좋을걸*

이러한 '비교'의 예문들을 보자.

뭔가 비교를 한다는 것은 비교대상이 있어야 한다. 그때 사용하는 깃이 'than'이다. ('~보다'라고 해석지만 '~이외에' 의 의미로도 쓴다. 영어식으로는 같은 뜻이다)

I need a <u>bigger</u> size <u>than this</u>. It's too small for me.

더 큰 사이즈가 필요해요. 너무 작아요

비교대상을 흔히 단어만을 생각하는데(예를 들어, better than **me**), 아래와 같이 문장의 형식(than **it looks**)의 의미단위도 많이 익숙해져야 한다.

It' more dangerous than (that) it looks.

이건 보기보다 더 위험해

If you are overseas, you are already more globalized than (that) you thought.

외국에 있다면 이미 당신이 생각했던 것보다 더 글로벌화 되어 있다

I will be back with greater success than before.

전보다 더 크게 성공해서 돌아올 것이다

'~than before'는 '~전에 보다'라는 의미이다. 상당히 많이 쓰이는 영어 표현이다.

한편, 'more and more'를 사용하여 '점점 더 ~되는'의 의미로 문장에 사용할 수 있다.

As I get fatter, my size is bigger and bigger.

살이 쪄감에 따라 내 사이즈는 점점 더 커지고 있다

More and more people are richer than before in Korea these days.

한국에서 점점 더 많은 사람들이 전보다 더 부자가 되어가고 있다

If you visit overseas many times, you will be more and more globalized.

외국을 많이 방문하게 되면, 점점 더 글로벌화가 될 것이다

좀 특이한 표현을 보자. 익숙해지면, 영어를 잘 구사하는 것으로 보일 것이다.

'more' 앞에 'the'를 붙이면서 쓰는 표현이다.

우리말로는 '더 ~하면 할수록, 더 ~해진다'는 해석이지만, 영어식으로 그대로 이해하는 것이 좋다. chapter 1에서 살펴본 'the'의 의미를 정확히 알면 된다. 'the'로 인해 '그 한 상황'만을 얘기하는 것이다. 콤마(,)는 동일함(=)을 의미한다고 보면 된다.

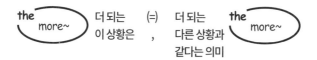

The more you study, the bigger world you meet.

(영어식 직역) 공부를 더 많이 한 상황은, 더 큰 세상을 만나는 상황과 같다

The happier you are, the healthier you will be.

더 행복해지면, 더 건강해진다

Tell him (that) the less **he smokes,** the better **life he can have.**

그에게 얘기해~   더 적게 담배를 피우면, 더 나은 인생을 가질 수 있다고

'the less'는 뒤에 아무것도 안 따라왔기 때문에 뒤의 문장전체(he smokes)와 비교하는 것이고, 'the better'는 뒤에 'life'를 붙여 '더 나은 인생'이라는 의미를 만들어 준다. 직접 예문을 더 만들어서 소리 내어 읽어보는 것도 좋다.

▶ 비교 중 최고를 나타내기

'the most'나 'the ~est'를 쓰면 '가장 ~한'의 의미가 된다.
최고는 <u>유일한 것</u>으로 특정한 단 하나(혹은 한 군집)이니 **'the'** (혹은 my 등)를 붙인다.

Yi, Sun Sin is one of the greatest heroes in Korean history.

이순신은 한국 역사상 가장 위대한 영웅 중 한 사람이다

'one of the best ~s'라는 표현도 영어에서 많이 쓴다.

참고로 우리는 이름의 성을 먼저 쓰지만, 영어권은 반대이다. (Sun Sin Yi)

그래서 성을 먼저 쓰고 싶으면 순서를 바꿨다는 의미인 콤마(,)를 붙여서

Yi, Sun Sin으로 쓰면 된다.

<u>어느 범위에서</u> '최고'를 표현하기 때문에 뒤에 주로 'in'을 붙이는 경우가

많다.

the tallest student <u>in the classroom</u> *(교실에서 가장 큰 학생)*

동사에 '제일'의 의미를 붙이고 싶으면 'the most'를 쓰면 된다.

Which subject do you like <u>the most</u>? *무슨 과목을 제일 좋아하니?*

▶ '~ing'의 숨어 있는 다양한 의미들 (결국 adverb)

부사(adverb)처럼 쓰이는 '~ing'는 다양한 의미를 가질 수 있다. 여러 가지

의미(because, if 등)가 내포되었지만 모두 '~ing'로 줄여 쓸 수 있다는

뜻이다.

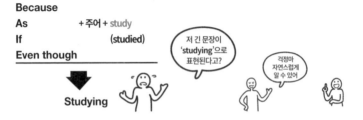

이 경우 '~ing'를 주로 문장 맨 앞에 쓴다.

$\oplus$

Working with you, I can learn how to use internet.

위의 문장은 '너랑 일하면서 나는 인터넷 사용법을 배울 수 있다'의 의미이지만 더 깊이 생각하면, 'Working with you'는 'Because I work with you'가 숨어 있을 수 있다.

문맥에 따라 자연스럽게 의미를 꺼내면 된다.

Speaking English very well, I can enjoy my overseas life.

영어를 잘하기 때문에, 나는 해외 생활을 즐길 수 있다

(As I speak English very well 등의 의미가 숨어 있을 수 있음)

Being your friend, I can trust you easily.

친구니까 쉽게 믿을 수 있다

(Because I am your friend 등의 의미가 숨어 있을 수 있음)

(Being) born in Australia, I can speak English.

호주에서 태어나서, 나는 영어를 잘해

(Since I was born in Australia 등의 의미가 숨어 있을 수 있음)

p.p.의 경우에는 'being'을 생략하고 p.p.를 바로 쓰기도 한다.

Given the great chance, I had to use that.

대단한 기회를 잡았기(받았기) 때문에, 나는 그것을 이용해야만 했다

(Because I was given the great chance의 의미가 숨어 있음)

다음은 어감상 '~ing'가 '원인'이 아니라, **조건이나 때에 해당되는 것**에 대한 예문들이다.

Receiving your letter, I will deliver it to him.

네 편지 받으면 그에게 전달해 줄게

(If I receive your letter, 혹은 when I receive you letter의 의미가 숨어 있음)

Not having much food now, you would be hungry soon.

지금 많이 먹지 않으면, 곧 배고플 거야

(If you don't have much food의 의미가 숨어 있음)

'~ing'를 쓰면서 정보가 축소됨을 감수하며 문장을 줄인 표현이라고
생각하면 된다.
완전히 다른 의미도 있다.

Going to the restaurant, I won't eat anything.

식당에 가도 안 먹을 거야

(Even though I go to the restaurant의 의미가 숨어 있음)

위의 문장은 식당에 가는 것과 먹지 않는다는 것이 서로 어울리지 않기
때문에 'even though'의 의미인 것이다.

굳이 'even though'가 숨어 있다는 것을 정확히 알아야 할까? 의미를 크게 부각할
목적이 아니라면 이렇게 간단히 줄여서 '~ing'로만 나타낸다. 그러나 **의미를
명확히 전달하고자 할 때는** '~ing'보다는 해당 단어(because, even if 등)을 **직접
써야 할 것**이다. 다음 chapter에서 이러한 것들의 의미를 정확히 살펴보자.

특별한 의미를 가진 '영어의 살'들 (결국 모두 adverb)

I fall in love because she is pretty to me.

나는 사랑에 빠져있다. 나한테 그녀가 예뻐서

위의 문장은 **두 문장이 아니다.** 뼈대 문장은, 'I fall in love'이고, 뒤에 붙은 **'because she is pretty'** 부분을 하나의 '영어의 살'로 인식해야 한다(즉 한 문장이다).

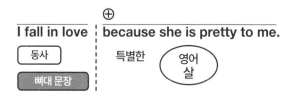

because구문을 주어와 동사로 구성된 문장으로 인식할 것이 아니라 (앞에서와 같이) **한 의미단위(청킹)로 느끼는 감각**을 키워야 한다. 조금 긴 **adverb라 생각**하면 된다.

우선 'because'와 같이 **이유**나 **원인** 등을 나타내는 '영어의 살'들을 보자.

뼈대 문장　　　　

because　since　as

Sorry, I am not able to go with you because...

because는 그림과 같이 이유가 예측이 잘 안되거나, (아래와 같이)

Sorry, I am not able to go with you because my boss wanted me to go with him.

미안 너랑 같이 못 가겠다. 사장님이 같이 가기를 원하거든

혹은 **논리적인 이유**를 대고자 할 때 쓴다.

When I was in Korea, my job often made me stressful because the society was so competitive.

한국에서 일할 때 업무는 나에게 스트레스를 주었다. 왜냐면 경쟁이 너무 심하기 때문이다

그런데 'Since'도 이렇게 이유를 이야기할 때 쓴다. 하지만 'because'와는 성격이 다르다.

English is my second language since I am a Korean.

(이럴 때 'since'는 보통 앞에 쓴다)

Since I am a Korean, English is my second language.

나는 한국인이라 영어는 제 2의 언어이다

예문과 같이 한국인이기 때문에(이유) 영어는 **당연히** 제2의 언어이다. 이유가 좀 뻔하다. 이럴 경우는 'because'보다 'since'가 더 어울린다. 'since'를 아래와 같은 이미지로 이해하면 된다. 뭔가 자연스럽게 흘러가는 느낌으로 그 이유를 설명하기 때문에 **당연시되는 이유**를 쓰는 게 적당하다.

이러한 자연스러운 흐름은 시간의 흐름을 나타내기도 한다. 결국 영어식으로는 다 같은 의미이다.

I have obviously studied English since I was in 10 year-old.

나는 10살 이래로 영어를 정말로 공부해 왔다

간단한 원인은 'as'로도 쓸 수 있다. as의 이미지를 그림으로 표현하면 아래와 같다. '~한 바와 같이(동일선상)'의 의미라서 **더 다양한 상황**에서 많이 쓸 수 있다.

As my country has developed, some companies have competitive brands in the world.

우리나라가 발전해오고 있어서 일부 회사들은 세계적으로 경쟁력 있는 브랜드를 가지고 있다

이유를 대고자 하면 대부분 'because'를 많이 쓰는 경향이 있는데, 가볍게 이야기할 때는 'since'나 'as'가 더 어울린다.

> 덜 격식을 차린 문장이긴 하지만 'because'를 다른 문장으로 분리할 때는 아래와 같이 쓴다.
>
> **'It is because ~'**   **'This is because ~'**
>
> **When I was in Korea, my work often made me (get) stressful. It was** because **the society was so competitive.** (두 문장으로 분리)

'as'는 많이 쓰기 때문에 더 연습하는 것이 좋다. 다른 상황을 더 보자.

As you may know, I am in charge of this.

아마 알다시피 내가 이 일의 담당자이다

As I told you, your growth was remarkable.

내가 말했듯이 너의 성장은 굉장하다

You can advance to any country you want as (it is) possible.

당신은 당신이 원하는 어느 나라든 진출할 수 있다. 가능함에 따라(가능하기 때문에)

'as'의 이미지(=)를 이용해 아래의 표현도 익숙해지자.

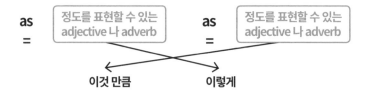

You need to experience many things as many as you can.

가능한 많은 경험을 하는 게 좋다

우리말과 어순이 반대이기 때문에 한 의미단위로 느껴지지 않는다면 우선은 **'as many(이만큼 많이)'**와 **'as you can(당신이 할 수 있는 만큼)'**을 <u>끊어서</u>

연습해 보자. 익숙해진 이후에 다시 한꺼번에 처리하면 된다.

as soon /as (it is) possible   *(가능한 만큼 빨리)*

as fast / as athletes   *(운동선수들 만큼 빠른 혹은 빠르게)*

as much / as you can bring   *(가져올 수 있을 만큼 많이)*

as clear / as you did before   *(네가 지난번 한 것만큼 깨끗이)*

'**as long as**'는 정말로 많이 쓰는 표현이다. 'long'은 시간적 혹은 공간적인 '그 길이만큼'의 의미이지만, 우리말로 바꾸면서 '~하는 한'의 의미까지 폭넓게 적용된다. 하지만 억지로 우리말로 바꾸기보다는 **영어 그대로(~만큼) 받아들이면 더 편하다.**

> **I enjoyed the party last night <u>as long</u> <u>as 7 hours</u>.**
>
> *어젯밤 파티를 7시간 동안 즐겼다*
>
> **<u>As long</u> <u>as you stay here</u>, I will be with you.**
>
> *네가 여기 머무르는 기간만큼 함께 있을 거다*

이번엔 뼈대문장에 **반대되는 내용을 추가**하는 '영어의 살'들을 보자.
(굳이 '~할지라도' 라는 우리말로 해석하지 말고, 반대되는 내용을 붙이는 것이라 생각하자)

even though (even if)

> <u>Even though</u> **your age is old, you can newly start whatever you want.**
>
> *당신의 나이가 많아도, 당신이 원하는 것 무엇이든 새로 시작할 수 있다*

'you can newly start~ (뼈대문장)'가 말하고자 하는 바이고, 'your age is old (영어의 살)'는 부연 설명이다. 여기서 알아야 하는 내용은 '당신은 늙었다'는 이야기는 주된 메시지가 아니라는 뜻이다. ('당신은 늙었다'라고 얘기하는 것이 아니다. '늙어도 전혀 문제되지 않는다'는 것이다)

> 한편, 'even if'는 일반적인 상황이나 앞으로의 일에 더 어울리며, 'even though'는 실제 상황이나 지난 일에 많이 쓴다고 생각하면 된다(if의 의미는 뒤에서 설명된다).
>
> **People can newly start whatever they want <u>even if</u> their ages are old.** (일반적인 이야기)

'**although**(though)'는 'even though'와 의미는 비슷하지만 **완전히 다른 성격**을 가진다. 'although'는 '영어의 살'이 아니라 **다른 문장으로 연결해 주는 역할(접속사)**을 하기 때문이다. **이 차이점은 큰 의미변화를 가져온다.** 차이점을 느껴보자.

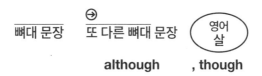

Many tend to feel (that) studying is hard although reality is not.

많은 사람들이 공부가 어렵다고 느끼는 경향이 있다. 하지만 현실은 그렇지 않다

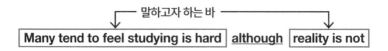

'reality is not'도 **뼈대 문장**이다. although 뒤에 오는 말(현실은 그렇지

않아_공부는 쉬워) 역시, 중요하다. 즉 이 문장은 한 문장이 아닌, **두 문장이다**(although는 접속사).

('Even though'와의 의미차이를 비교해 보라. 재미있는 사실은 'even though'와 'although'의 차이를 명확히 구분하지 못하는 원어민들도 생각보다 많다)

구어체에서는 'although'대신 'though'를 쓰는 경향이 있다. 문장 마지막에 넣는다. 많이 연습해 보자.

> **Peter seems weak, he would complete to run whole marathon course, though.**
>
> *피터는 약해 보인다. (하지만) 그는 전체 마라톤 코스를 완주할 것으로 보인다. 어쨌든*

이럴 때 'though'는 우리가 많이 쓰는 'however'와 비슷한 의미이다.

이번엔 '목적'에 해당되는 표현들을 보도록 하자.

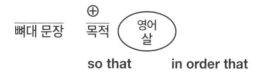

보통 'to~'를 '~를 위하여'라고 해석하기도 하는데, **목적을 명확히 말해야 하는 상황**이라면 단순히 'to~'보다는 'in order to +동사' (혹은 'in order that +분장') 등을 쓰는 것이 좋다.

> **I hurried in order that I might see him.**
>
> *나는 서둘렀다. 혹시라도 그를 보기 위해*

> **I finally recognize speaking English is fun. Thus I now study English hard with pleasure so that I can freely go around the world.**
>
> *나는 결국엔 영어가 즐겁다는 것을 알아차렸다. 따라서 나는 영어공부를 기꺼이 열심히 하고 있다. 이는 전 세계를 자유롭게 돌아다닐 수 있게 하기 위해서이다*

한편, 'thus'는 격식을 차리는 표현으로 'so (that)'과 비슷한 의미이다. 많이 사용해 보자.

주의해야 할 것은, 'so that'은 두 가지 의미로 쓰일 수 있다는 것이다.

$$\underline{\text{뼈대 문장}} \quad \overset{\oplus}{\underline{\text{so that~}}} \quad \boxed{\text{영어 살}} \quad \text{~을 위해 (하려고)}$$

아래와 같이 ('although'처럼) 다른 문장을 연결해 주는 역할을 할 때는 의미가 달라진다.

$$\underline{\text{뼈대 문장}} \quad \overset{\oplus \text{ 또 다른 뼈대 문장}}{\underline{\text{,so (that)}}} \quad \text{그래서 ~ 한다}$$

우선 so that 앞에 콤마(,)가 붙었다면 앞에서 문장이 한 번 끊어진다는 의미이다. 그 뜻은 '그래서' 혹은 '따라서'의 의미이다. 이때는 'that'이 생략되는 경우가 많다.

I thought studying English was hard(,) so (that) I couldn't dream of my global advance.

나는 영어가 어려운 것으로 알았었다. 그래서 나는 세계 진출의 꿈을 꾸지 못했었다

익숙해지면 문맥의 흐름에 따라 자연스레 인지하거나 콤마 등으로 구분할 수 있다.

이렇게 두 개의 문장을 이어주는 접속사의 가장 대표적인 것은 'and'와 'but'이다.

Seoul is the largest city and Busan is the second largest one in Korea.

한국에서 서울은 가장 큰 도시이다. 그리고 부산은 두 번째로 큰 곳이다

Canberra is the capital city but **(it is) not the biggest one in Australia.**

호주에서 캔버라는 수도이다. 그러나 가장 큰 도시는 아니다

'and'와 'but'은 이렇게 독립된 두 문장을 이어주는 역할을 하지만, 문장과 문장뿐만 아니라 단어와 단어, 문구와 문구 사이에도 사용된다.

지금까지 나열된 '영어의 살'을 아래와 같이 짧게 줄일 수 있다.

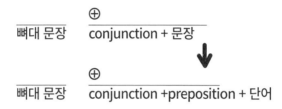

예를 보자.

I like the café because you recommended me.

네가 나한테 추천했기 때문에 나는 그 카페를 좋아해

위의 문장을 아래와 같이 표현할 수 있다.

I like the café because of you. *너 때문에 내가 그 카페를 좋아해*

물론 문장이 짧아짐에 따라 정보(네가 추천해 줬다는 사실)의 손실은 있을 수 있으나, 문장이 더 간결해지는 것이다.

My life was changed because of **one book, the bible.**

내 인생은 바뀌었다. 한 권의 책, 즉 성격 책 때문에

Everyone can learn English <u>regardless of</u> ages.

모든 사람은 영어를 공부할 수 있다. 나이에 상관없이

혹은 preposition으로 시작할 수도 있다.

Seoul University is the biggest institute in Korea <u>in terms of</u> the number of students.

한국의 서울대학교는 가장 큰 대학기관이다. <u>학생 수 기준으로 본다면</u>

I am so lucky <u>in comparison with</u> others.

나는 참 운이 좋다. <u>다른 이들과 비교해서</u>

또는 아래와 같이 preposition 대신 p.p.의 형태로도 바꿔 쓸 수 도 있다.

I am so lucky <u>compared to(with)</u> others.

▶ **조건을 붙이는 '영어의 살' (때론 진실이 아닌 상황을 만든다)**

소위 '가정법'이라고 불리며 복잡한 법칙처럼 다루지만, 'if'의 영어식 의미를 이해하고 시작하면 어렵지 않게 받아들일 수 있다. 'if'가 들어간 아래 두 개의 예문을 보자.

I am wondering if you come here.

네가 여기 오는지 안 오는지 궁금하다 ('if~'는 명사)

참고로 위에 경우에는 'if'대신 'whether'를 써도 된다(둘의 어감은 좀 다르다).

I will go if you go.

네가 가면 나도 간다 ('if~'는 부사)

우리말로 받아들인다면 두 가지의 뜻이 있는 것으로 생각되지만(명사와 부사의 차이이다), 이 책에서 계속 강조하듯이 'if'의 의미는 결국 하나이다.

만약 아래 문장에서

I am wondering if you come here.

네가 여기 오는 상황인지 궁금해

'if'를 쓰지 않고 다르게 표현한다면,

= I am wondering that you come here <u>or not</u>.

이렇게 'or not'을 붙여야 한다.

즉 **'if'의 영어식 의미는 '<u>or not(아닌 경우)</u>'상황까지 함께 고려하는 것**이라고 생각하면 된다.

명사(~인지 아닌지)처럼 쓰인 경우는 단순하다. **둘 중에 한 상황을 골라 받아들이게 하는 것**이 'if'이다. (그래서 if는 우리말로 직접 해석하기 힘들다)

명사처럼 쓰일 때

if 실제상황, 혹은   if 반대상황(거짓) 인지 말이다.

I wonder if (=whether) Jasmine realizes her talent.

난 자스민이 자기의 재능을 제대로 알고 있는지 아닌지가 궁금해

둘 다 선택할 수 없다. 둘 중 하나만 선택해야 한다. 이런 특징은 if가 **'영어의 살(부사)'로 들어갈 때** 특별해 진다(이때는 'if'대신 'whether'를 쓸 수 없다). 아래와 같이 <u>뼈대문장의 실행에 영향</u>을 준다.

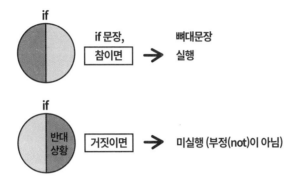

예를 들어 if you come은 **온 상황과 오지 않은 상황**을 모두 고려하기 때문에
I will have lunch if you come. 은
네가 오면 점심을 먹을게 + ***네가 오지 않으면 점심을 안 먹겠다***는 의미가 추가된다.
'if'를 'when'과 비교하면 더 명확해진다.

> **Let's go there when I am ready.** *내가 준비되면 거기 가자*

위의 문장을 듣는다면 '준비되면 우리가 거기 가게 되는구나' 만을
생각하게 되는데,

> **Let's go there if I am ready.** *준비가 된다면 거기 가자 (안 되면 가지 말자)*

이 경우, 듣는 사람이 '엇! 준비가 안 되면 못 갈 수도 있는 거야?"라는
생각을 하게 된다.
이렇게 when을 쓸 때와 if를 쓸 때 두 문장의 어감은 완전히 다르다.
이제 if가 '영어의 살'로 들어가 어떻게 적용되는지 아래의 세 문장을
비교하면서 보자.

① **I will go if you go.**

② **I would go if you go.**

③ **I would go if you went.**

①번 문장은 단순하다. '네가 가면 나도 간다'와 '네가 안 가면 나도 가지 않는다'는 의미가 함께 있다.

I will go.
'나 갈 거다'의 의미

그런데 똑같은 문장에 + if you go 를 붙이면

I will go if you go.   아래와 같이 둘 중 하나이다

'너 가면 가고...'   '안 가면 안 가'

②번 문장(I would go if you go)은 어감만 조금 달라질 뿐 비슷하다. '네가 가면 나도 가게 될 것 같다(갈 거다)'이다. 앞의 문장보다는 간다는 의지가 떨어지지만 여전히 네(you)가 가면(go) 나도 가고, 아니면 안 간다는 의미일 것이다.

마지막 ③번 문장(I would go if you went)은 좀 특별하다.

그 이유는 지금 현재의 상황을 이야기하는데 'if' 뒤에 **과거 표현**을 쓰기 때문이다.

현재(현실)을 부정하기 위해 if 문장 안에 과거표현을 **(빌려)** 쓴 것이다. 실제로는 가지 않고 있는데, 이미 갔다(if you went)고 명백한 **'거짓말'**의 상황을 만드는 것이다.

즉 **가지 않는 (거짓)상황**만 발생하는 것이고, 이는 곧 현실의 반대인 **'가정'**이 된다.

이제 뼈대 문장(I would go~)에 쓰인 would의 의미를 되짚어 보자.

I would go.는 **가고 싶다**, 혹은 **갈 거야**(불확실한 표현) 등 문맥에 따라 달라진다고 했다.

I would go.
실제로 '나 갈 것 같다'의 의미부터
'나 가고 싶다'의 의미까지 다양

그런데 똑같은 문장에 + if you **went** 를 붙이면

I would go if you went.

아래의 상황은 이루어질 수 없고

(네가 명백히 못 가는 상황이라)
나도 못 가는데 가고 싶다의 의미

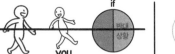

I would go if you went.는 현실의 반대를 가정하며,

가고 싶지만, (네가 가지 않고 있어서) **못 간다**의 의미가 된다.

중요한 사실은 '③ I would go if you went'은 **과거가 아닌 현재시제의 문장**이라는 것이다.

if 현재는 (if you come)	if 과거는 (if you came)
if	if	if
반대 상황	반대 상황
두 상황이 모두 발생할 수 있음	현재를 거짓(반대) 상황으로만 가정

'if+과거'를 쓰면 현재의 반대 상황이라는 영어식 사고의 연습이 필요하다.

(상황에 따라 과거를 나타낼 수는 있지만, 뭔가 가정을 할 때는 현재 상황으로 받아들여야 한다)

아래와 같이 'if+과거'를 접하면서도 즉시 괄호( ) 안의 느낌으로 받아야 한다.

~~~~~ **if I was(were) rich**　　*부자라면*　　*(실제로는 가난하네~)*

~~~~~ **if she had a boyfriend**　*남자친구가 있다면* *(지금 남자친구 없는 '싱글')*

~~~~~ **if you were smart**　　*영리하다면*　　*(영리하지 못하네~)*

문장을 만들어 보자. 'if'가 거짓이니 뼈대문장도 이루어질 수 없다.

I would be lazy if I was(were) rich *게으르겠지 (실제, 안 게으르다)*

She wouldn't be lonely if she had a boyfriend

안 외롭겠지 (실제, 외롭다)

You would love her if you were smart

그녀를 사랑하겠지 (실제, 사랑 안 한다)

I would practice speaking English if I was alone.

위 문장에서 '나'는 혼자 있을 때가 없기 때문에 영어말하기를 반복하지
못한다는 것이다. 아래와 같이 희망사항(가정)만 남아 있는 것이다.
아무튼 과거가 아니라 명백히 **현재의 상황**이다.

참고로 'would' 말고도 어감에 따라 'could'나 'should' 등도 쓴다.

I would speak English well if I enjoyed speaking.

말하기를 즐긴다면 영어를 잘 할 것 같은데

I could speak English well if I enjoyed speaking.

영어를 잘 할 수 있을 것 같은데

I should speak English well if I enjoyed speaking.

영어를 잘 해야 할 것 같은데

I might speak English well if I enjoyed speaking.

영어를 잘 할지도 모르는데

if를 앞에 배치해도 된다.

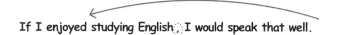

If I enjoyed studying English, I would speak that well.

문장의 어순을 바꾸었으니 콤마(,)를 찍으면 된다. (콤마는 생략도 가능)
현재가 아닌 **과거에 대한 후회나 아쉬움**은 would(could, should) have p.p.를
쓴다고 했었다.

I would have gone.

나 가고 싶어 했었어의 의미

실제로
갔었을 수도 있고 못 갔었을 수도 있다

그런데 문장에 + if you had gone*를 붙이면*
I would have gone if you had gone.

(네가 명백히 못 갔던 상황이라)

아래의 상황은 이루어질 수 없고   '못 갔는데 가고 싶었다'의 의미

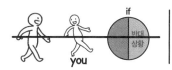

I would have spoken English well. *(말할 때는 I would've spoken~)*

'(과거에) 영어를 잘 하고 싶어 했다'의 의미 (물론 못 했을 가능성이 크다)

여기에 'if ~had p.p.'를 붙이면 (과거 사실과 반대가 되어) 이루어지지 못한
일이 된다('if ~had p.p.' 대신 그냥 일반적인 과거표현도 가능하다).

I would have spoken English well *if* **I had met Boglish.**

(예전에) 보글리쉬를 만났다면 영어를 잘했을 거다 (그래서 그때는 잘 못했다)

아래의 문장은 과거의 일 때문에 현재까지 영향을 받고 있는 것이다.

이럴 때는 'would(could) have p.p.' 대신 'would(could) 동사'를 쓴다.

I <u>could</u> speak English well if I had lived overseas.

내가 (지금) 영어를 잘할 수 있지 않을까? (과거에) 해외에 살았더라면

▶ **Unless는 어중간한 가정 (if~not과 다르다)**

'unless'를 이해하기 위해 'if ~ not'과 비교하지만 둘의 의미는 다르다.
'unless'는 아래와 같은 경우에 사용한다.

뼈대 문장

You have to work only in Korea | **unless you are interested in English.**
뼈대 문장을 (거의)기정사실로 인정하고 | *아닐 수 있는 여지를 가볍게 주고자 할 때*

위의 'You have to work only in Korea'라는 문장은 말하고 싶은 사실이다.
그런데 아닐 여지를 주는 것이다.

넌 한국에서만 일해야 할 것 같아~ 영어에 관심없는 듯 하니
그래서 unless는 '**~한다면 모를까**' 혹은 '**~가 아닐 것 같으니까**'의 느낌으로 쓰면
된다. 하지만, 아래와 같이 'if~not'을 쓸 경우 <u>의미가 완전히 달라진다</u>.

You have to work only in Korea if you are not interested in English.

영어에 관심 없다면 한국에서만 일해야 한다 ('관심이 있다면, 그렇지 않다'도 포함)

뼈대 문장

You have to work only in Korea │ if ~ not

영어에 관심 없으면 한국에서만 일해야 하고, 관심이 있으면(반대 상황) '한국 외에 다른 곳에서도 일할 수 있다'는 의미이다. 반면에 'unless'를 쓰면 뼈대 문장을 대부분 기정사실로 받아들인다.

You are interested in English.

뼈대 문장
You have to work only in Korea │ unless~

뼈대 문장이 거의 기정사실이니 반대의 상황은 발생하지 않을 가능성이 큼
그래서 현실을 부정하는 '가정'과는 다소 어울리지 않는다

그래서 'unless~'는 'if ~ not'보다는 'as long as ~not'과 비슷하다.

You have to work only in Korea as long as you are not interested in English.

네가 영어에 관심이 없는 만큼 한국에서만 일해야 할 것 같아

예문으로 비교해 보자.

See you tomorrow <u>unless I am busy</u>.

내일 볼 수 있을 듯 해. <u>혹시라도 바쁘면 안되고</u>

See you tomorrow if I am not busy.

내일 안 바쁘면 보고, 바쁘면 보지 말자

You are going to leave me unless you like me.

너 떠날 거잖아. 날 좋아한다면 모를까

'unless you like me' 구문에 not이 직접적으로 나타나지 않았지만, 부정문

(아닐 것 같으니까~)이라는 느낌이 생길 때까지 반복해서 연습해야 한다.

▶ 조금은 특별한 가정들

뼈대 문장에 'would' 등을 쓰면서, 'if'문장 안에 'should'를 쓰면 '될 리가 없다'의미가 된다.

If you <u>should</u> fall to keep our promise, I would be disappointed.

(그럴 리 없지만 혹시라도) 네가 약속을 지켜가는 것을 어기면 내가 실망되겠지?

이 문장에는 약속을 어기지 않을 것이라는 믿음은 존재하는 것이다. 여기에 'were to'를 쓰면 의미가 더 강력해진다. 예를 들어 어떤 여성이 아래와 같이 말한다면,

If I <u>were to</u> be a man, I would be a general.

내가 남자가 된다면 장군이 될 것이다

그런데 그럴 리가 없다. 이럴 때 'were to~'를 쓰는 것이다.
하지만, 뼈대 문장에 'would' 등이 들어가지 않으면 'if ~'should'는 가정의 표현이 아니다.

You can call me if you should come here.

여기 와야 한다면 나한테 전화해

If you should have any question, contact us.

궁금한 것이 있으면 연락하십시오

'if'의 상황

처럼(=)

'if'의 의미를 정확히 이해한다면, 다른 단어(다른 상황)와 함께 쓰여도 쉽게 받아들일 수 있다.

'as'와 'if'가 만나면 의미 그대로 '어떤 것이 가정(if과거)되는 것과 마찬가지로(as,=)'이다.

My record is good as if I studied hard.

공부를 열심히 한 것처럼(안 하는데) 성적이 좋아

'if I studied hard'는 (과거표현을 빌려 쓴) 현재의 **'거짓 가정'**이다. '공부를 열심히 하지 않은 것'이다.

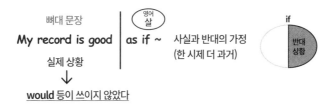

뼈대 문장(My record is good)은 '희망사항'이 아닌 '실제상황'이다. 즉 내 성적(my record)은 정말로 좋은 것(good)이다. 소위 '반쪽 사리 가정'이다.

He lives as if he were happy.

그는 행복한 것처럼 살고 있다 (실제로는 행복하지 않음)

You are so nice to me today as if you were an angel.

오늘 천사인 것처럼 나한테 잘하네

'what'과 'if'의 만남을 보자.

현재를 쓰면, '~하면 어떨까?'의 의미이며,

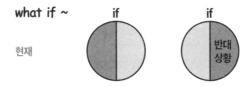

What if our baby <u>will be</u> born overseas?

우리 아기가 외국에서 태어나면 어떨까?

(앞으로 태어난다면 어떻게 될지 상상)

과거를 쓰면, "~했으면 어땠을까?'로 현실과 반대를 상상하는 것이다.

What if I <u>was</u> born overseas?

내가 외국에서 태어났다면 어땠을까?

'what if'가 문장 뒤에 부가적으로 쓰이면 '뭐 어때?' 라는 뉘앙스를 띤다.

He will come here, what if he doesn't?

그 친구 올 거야, 뭐 안 오면 어때?

▶ 'if'를 직접 사용하지 않아도 '현실의 반대를 가정'하는 것들

영어에서 가정을 하기 위해 '~했다면'이라는 표현인 'Did~'를 문장 맨 앞에 쓸 수 있다. 문어체에서 많이 쓴다. (의문문이 아니다)

Did you include our team, we would be happy.

당신이 우리 팀에 포함되면 우린 좋을 거다 (문어체의 느낌)

= If you included our team, we would be happy.

(지금은 우리 팀이 아니다)

앞에 설명한 'if'안에 쓰는 'should'도 문장 맨 앞으로 옮길 수 있다.

Should we fail our service, you could contact us.

우리가 서비스에 실패하면 연락하면 된다 (문어체의 느낌)

= If we should fail our service, you could contact us

(그럴 리 없을 것이라는 뉘앙스)

위와 같이 뼈대문장에 'would' 나 'could'등이 들어가면 '그럴 리 없다'는 의미가 포함되지만, 뼈대 문장에 **'would' 등이 없으면** 의미는 단순히 조건을 표시하는 것이다.

Should you have any question, contact us.

궁금한 것이 있으면 연락하십시오 (문어체의 느낌)

= If you should have any question, contact us

뼈대 문장에 'would'를 쓰냐 쓰지 않느냐가 큰 차이를 가져오는 문장이다.

> **참고로** 이렇게 helping verb를 맨 앞에 꺼내는 경우가 종종 있다. 아래와 같이, 동사를 강조하기 위해, 즉 '못했다'는 것을 강조하고 싶어서 'little' 등과 같이 쓰기도 한다.
>
> **Little did I imagine that I would speak English.**
> *나는 거의 상상을 못했다. 내가 영어로 말하리라고는*
>
> 'little'은 'a little'과는 달리 거의 없는 아주 부정적인 표현이다.
> (chapter 1에서 다룬 'a'의 개념을 이해했다면 쉬울 것이다)

'if'를 쓰지 않고 'wish'를 이용한 가정문의 형태도 있다.

I wish (that) I <u>studied</u> hard.
I wish I <u>were</u> happy.
I wish I <u>could</u> be happy.

위의 **첫 문장**은 '내가 공부를 열심히 하기를 바란다'의 의미이다. **현재의 뜻**이다. 지금 공부를 열심히 하지 않거나 할 수 없는 상황이다. 하고 싶을 뿐인 것이다.

두 번째 문장은 '(지금 행복하지 않은데) 지금 행복했으면 좋겠다'라는 의미이다.

세 번째 문장처럼 'were' 대신 'could be'를 써도 된다는 것도 알아두자.

I wish I had your hair.
너의 머리카락을 갖고 싶다 (가질 수 없음, 부럽다)

I wish I have your hair.
너의 머리카락을 진짜로 갖고 싶다 (갖겠다는 다소 무서운 표현)

▶ **otherwise**(반쪽자리 가정문)

'otherwise'가 들어간 문장도 많이 쓰인다. '그렇지 않으면(않았더라면)'의 의미인데, 뭔가 가정할 때 쓰이긴 하지만 if의 가정과는 좀 다르다.
Otherwise 문장 안에 would 등을 넣는다.

이 경우에는 부가적인 설명의 개념으로 **세미콜론(;)을 쓴다.** 괄호( )의 개념과
비슷하다.

I don't focus on my job; otherwise I would be promoted.

'나는 내 일에 집중을 못 해 (그렇지 않으면 승진했겠지)'와 같이 받아들이면 된다.

'otherwise~ 구문' 안에 would 등의 표현이 없으면 가정(현실의 반대)과는
상관이 없다. 실제로 '그렇지 않으면'이라는 의미가 된다.

**Do you serve what I need? Otherwise, I have to go to another
shop. (would)**

(이 가게에서) 제가 필요한 것을 파나요?, 그렇지 않으면, 저는 다른 가게로 가야 해요

**I hope you to study English, otherwise I won't be married to
you.**

네가 영어공부를 하기를 바래, 그렇지 않으면 난 너랑 결혼 안 해

'otherwise~구문'에 would, could 등이 없는 경우와 있는 경우의 어감
차이에 익숙해져야 한다.

마지막으로 당부 드리는 말

　이 책을 통해 영어의 구조가 **대략이라도** 머릿속에 들어왔다면, 드디어 여러분은 영어가 자라날 수 있는 좋은 밭을 가지게 된 것이다. 예전에는 이런 밭이 없었기 때문에 머리 속에 영어를 심어도 자라나지 않았던 것이다. 이제는 아니다. 효과가 나타날 것이다. **영어를 바라보는 시각이 완전히 바뀌었기 때문**이다. 하지만 좋은 '밭'을 가지고 있더라도 씨앗(동기)을 심지 않고 물(연습)을 주지 않으면 열매를 맺기 위한 가지가 자라나지 않는다. 이제는 무조건 영어를 사용해야 한다. 혼자서 떠들어도 상관없다. 직접 소리를 내야 한다고 계속해서 강조했었다. 여기에 추가할 것은, 소리 낼 문장(본인에게 필요하거나 멋지다고 생각되는 표현들)을 읽기 등을 통해 직접 찾아보고, 조금씩 수정하며 필요한 표현으로 바꾸거나, 아니면 이를 토대로 자신만의 문장을 만들어 보라. (여러분은 이제 할 수 있다) 그리고 이 문장에 적응이 되도록 소리 내며 읽는데, 이제는 그 읽는 속도를 최대한 빠르게 해보라. 엄청난 변화가 직접 느껴질 것이다.

　영어가 여러분에게 줄 수 있는 기회는 상상이상이다. 특히 좋은 문장을 구사하고 높은 수준의 정보를 처리할 수 있게 된다면 여러분이 상상할 수 있는 것보다 더 넓은 세상을 만날 수 있다. 개인의 언어구사 수준은 곧 그 사람의 사회적 수준을 결정하기도 하는데, 여기서 사용되는 언어가 '영어'라면 그 파급효과는 어마어마하다. 영어권 사회나 글로벌

시장에서 큰 역할을 할 수 있는 능력이 된다. 그래서 '**보**통사람들의 **글**로벌 프로젝트'의 일환으로 다루는 '보글리쉬'는 간단한 의사소통뿐만 아니라 상당한 수준의 영어를 구사하는 것을 지향한다. 그리고 그 과정 또한 본 책에서 경험한 바와 같이 의외로 쉽고 재미있다. 이해를 바탕으로 하는 공부이기 때문이다. 이렇게 이치를 논하며 생각하는 것이 진짜 공부이다. 이러한 자극과 깨달음은 영어뿐만 아니라 다른 영역에 새로이 도전하는 데도 영향을 줄 것이다.

앞으로도 여러분들의 도전과 이야기, 혹은 책에 대한 의견을 지속적으로 공유하고 싶다. 물론 독자들의 질문에 대하여 답변도 충실히 할 것이다. (**boglish2@gmail.com**)

보글리쉬

1판 1쇄 발행 2019년 11월 1일
지은이 이승범
발행인 강준기
발행처 메이드마인드
표지디자인 김진영
내지디자인 디자인더모어 designthemore@gmail.com

주소 서울시 마포구 용강동 인우빌딩 5층
전화 070-7672-7411
팩스 0505-333-3535
이메일 http://mademindbooks@naver.com
출판등록 2016년 4월 21일 제2016-000117호
ISBN 979-11-964773-1-8